U0505789

安徽师范大学经管学术论丛

基于极值理论和 Copula 模型的市场风险度量研究

潘雪艳　著

中国财经出版传媒集团

经济科学出版社

Economic Science Press

图书在版编目（CIP）数据

基于极值理论和 Copula 模型的市场风险度量研究／
潘雪艳著 . —北京：经济科学出版社，2020. 8
（安徽师范大学经管学术论丛）
ISBN 978 - 7 - 5218 - 1832 - 1

Ⅰ . ①基… Ⅱ . ①潘… Ⅲ . ①市场风险 - 度量 - 研究
Ⅳ . ①F713. 50

中国版本图书馆 CIP 数据核字（2020）第 162685 号

责任编辑：侯晓霞
责任校对：隗立娜
责任印制：范　艳　张佳裕

基于极值理论和 Copula 模型的市场风险度量研究
潘雪艳　著
经济科学出版社出版、发行　新华书店经销
社址：北京市海淀区阜成路甲 28 号　邮编：100142
教材分社电话：010 - 88191345　发行部电话：010 - 88191522
网址：www. esp. com. cn
电子邮件：houxiaoxia@ esp. com. cn
天猫网店：经济科学出版社旗舰店
网址：http：//jjkxcbs. tmall. com
北京密兴印刷有限公司印装
710 × 1000　16 开　10 印张　150000 字
2021 年 9 月第 1 版　2021 年 9 月第 1 次印刷
ISBN 978 - 7 - 5218 - 1832 - 1　定价：42. 00 元
（图书出现印装问题，本社负责调换。电话：010 - 88191510）
（版权所有　侵权必究　打击盗版　举报热线：010 - 88191661
QQ：2242791300　营销中心电话：010 - 88191537
电子邮箱：dbts@ esp. com. cn）

前　　言

市场风险一直是金融风险的一个重要组成部分，研究如何准确度量市场风险有利于做好金融风险管理工作。有关金融产品市场风险度量的研究，需要的理论知识主要有统计学、金融计量学、投资学和金融风险管理等。而极值理论作为一种对数据尾部极端值进行建模的统计理论，Copula 模型作为一种用来确定随机向量的联合分布和多个随机变量间相依结构的统计模型，它们被广泛运用到金融风险度量中。目前应用最广泛的度量市场风险的工具非风险值（Value at Risk，VaR）莫属，本书也和很多文献一样，借助风险值对金融产品（含投资组合）的市场风险进行度量。本书主要着眼于极端事件对金融市场的冲击，以及投资组合的各种成分资产间的相依结构，研究在极值理论和 Copula 模型下的市场风险度量方法，并针对不同领域的金融产品（含投资组合）的风险值进行了实证分析。

本书主要涉及极值理论和 Copula 模型两部分，利用极值理论和 Copula 模型建立金融产品（含投资组合）的市场风险度量模型，并在不同的金融市场对模型的适用性进行了实证分析。极值理论部分主要是极值理论在建立一元资产的市场风险度量模型、投资组合中各成分资产的边缘分布模型中的应用；而 Copula 模型部分主要涉及构建混合的二元 Copula 模型和高维 Copula 模型的建立及实证分析。

本书遵循"提出问题—分析问题—解决问题"的逻辑方法，重点研究了基于一元极值理论的一元金融资产的市场风险度量、二元投资组合市场风险度量和多元投资组合的市场风险的度量。

　　本书结合时间序列模型和极值理论一元金融资产的市场风险度量进行研究，实证分析了原油市场和外汇市场的市场风险；通过构建半参数的边缘分布模型和混合 Copula 模型对二元投资组合的市场风险度量进行研究，并分别对来自外汇市场、原油市场和中国股票市场的投资组合进行了实证分析；采用藤 Copula 模型和极值理论对多元投资组合的市场风险度量进行研究，并通过一个具体的五元投资组合对模型的适用性进行了研究分析。

　　本书虽然采用极值理论、二元 Copula 模型和藤 Copula 模型对市场风险管理进行了一些探索和研究，也得出了一些有一定意义的研究成果，但受学识所限，不可否认本书的研究工作中还存在不足之处以及值得进一步研究和改进之处。如本书中二元 Copula - 风险值模型中考虑的是静态 Copula 模型，并没有考虑随着时间的改变资产间的相依结构会发生突变或者随着时间改变相应的 Copula 函数的参数也发生了改变，如何在 Copula 模型中引进结构突变、考虑用时变 Copula 函数刻画资产间的相依结构值得进一步研究；本书所涉及的藤 Copula 模型预测出来的是静态风险值，如何通过藤 Copula 模型对多元的投资组合的动态风险进行模拟和预测值得进一步研究等。

　　本书的研究工作受到安徽省教育厅高校人文社会科学研究重点项目——基于极值理论和 Copula 模型的风险值研究（SK2018A0232）的资助。本书出版之际，特别需要感谢安徽师范大学经济管理学院各位领导和同事在写作过程中给予的支持和帮助，感谢浙江工商大学统计系老师们提供的指导和支持，感谢大家！

　　由于作者水平有限，书中不当之处在所难免，恳请读者批评指正！

潘雪艳
2021 年 4 月

目　　录

第1章 绪　　论

1.1　研究背景

近几十年来，随着世界经济一体化程度不断加深，各个国家或地区的经济发展都会或多或少的受到全球经济环境的影响，最能体现这种影响程度的应属各国或地区的金融市场了。这让人们认识到一个国家或地区的金融危机会对全球金融市场乃至全球经济产生危害。尤其是一些极端事件的发生，如1987年的美国黑色星期一大股灾、1990年的日本股市危机、1992年的欧洲货币危机、1994年底的墨西哥比索危机、1997年的东南亚金融风暴、1998年的拉美金融危机和俄罗斯金融危机引致美国长期资本管理公司（LTCM）濒临破产、2001年的"9·11"事件更使得全球股市巨幅震荡等，这些极端事件的发生给全球金融市场和世界经济的健康发展造成了巨大破坏，从而引发了世界各国金融监管部门和金融机构本身对风险监管的加强，也吸引了一大批学者和投资者对该如何度量风险，从而对其加以监管的研究。特别是2008年由美国次贷危机引发的全球性危机，其波及范围之广、影响程度之深、冲击强度之大，导致了全球金融市场的动荡，使很多国家遭受了百年一遇的经济衰退，而迪拜事件和欧债危机进一步引发了世界经济再次面临衰退的忧虑。这些极端事件虽然发生的概率不大，但一旦发生对经济的破坏性极强。这也意味着以往基于损失函数是正态分布假设的市场风险度量会低估风险，从而导致监控部门和投资机构很难有效地控制和避免极端风险，造成重大的经济损失，所以现在越来越多的管理者、投资者和学者愈发重视极端风险的度量。

在这样的背景下，极值理论作为分析和处理极端事件行之有效的一种工具，随着极端事件的发生而对整体金融机构的风险产生的重大影响越来越受到重视，学术界很多学者不断将极值理论引入针对金融市场和保险市场的研究中。不论是从理论还是从应用上来看，极值理论都是一个极为重要、极富生命力的研究领域。

对于投资者或投资机构来说，所有资产投资于同一种产品上风险是巨大的，所以必须要考虑进行投资组合，从而涉及如何选择合适的产品和资本应该如何分配到各种产品，这就需要建立合适的多元统计模型以便风险预测。由于资产组合中的各种产品彼此之间不太可能是完全独立的，因此资产配置需要考虑多个资产之间的相互关系。1952 年，马科维茨（Markowitz）首次提出了投资组合理论，采用均值和方差作为评价标准来选择投资组合，具体是指当均值确定时应该选择方差最小的投资组合，当方差确定时应该选择均值最大的投资组合，可以看出这里的方差其实就是一种风险度量的形式，用它来度量风险比较简单易于计算。但这种理论存在着一些不足：用多元正态分布函数来刻画金融资产间的相关结构，多元正态分布是个很好的工具，但它仅仅考虑了联合分布为正态的情形，无法刻画其他分布，更不能刻画不同边际分布联合在一起的情况。事实上金融市场中的损失分布经常是非正态的，常具有尖峰厚尾、非对称性、波动集聚性等一些特征，且各种资产之间也不一定是线性关系，这样以皮尔森（Pearson）的线性相关系数来描述资产间的相关性，已不能准确刻画当今金融领域变量间越来越复杂的相依结构。因此，在现代投资风险管理研究中仅仅采用皮尔森线性相关系数来刻画相依结构是远远不够的。而 Copula 理论作为一种用来确定随机向量的联合分布和多个随机变量间相依结构的统计方法，被广泛运用到金融风险度量中。如何建立合适的 Copula 模型以实现准确地刻画出金融市场中各市场间或各成分资产间的相关关系，并且能够方便准确地求解建立的 Copula 模型，也就是方便准确地估计出 Copula 函数中的各参数或者是给出 Copula 函数的具体形式，这是一件很有理论价值和实践意义的工作，而事实上这一领域也确实吸引了很多学者为之努力。

既需要注意到极端事件对金融市场的巨大冲击，又要考虑各种资产间的相依关系，同时采用极值理论和 Copula 理论对投资组合的市场风险进行建模和研究是一件很自然的事件。随着金融市场的不断发展，各市场和各金融产品间的相依结构越来越错综复杂，由某一极端事件造成的风险波动在各市场间的影响也越来越快和越来越大。结合极值理论和 Copula 模型对市场风险进行研究，有利于提高预测风险的准确度和有效性。出于准确、及时做好风险预测和防范的需要，有关通过结合极值理论和 Copula 模型来估计风险值的研究也越来越受到很多学者的重视。学者们对此进行了很多理论研究和实证分析，这些研究成果既繁荣和完善了市场风险管理研究工作，也为金融监管机构和投资机构做好风险防范提供了很多有意义的参考建议。

1.2 理论和实践意义

本书的写作意义主要包括理论意义和实践意义两个方面。从理论意义角度来看：进一步推进极值理论和 Copula 模型在市场风险度量中的运用，为处理极端金融事件和金融资产间错综复杂的相依结构提供一种简便有效的分析处理工具。本书着眼于极端事件对金融市场的冲击及各种资产间的相依关系，采用极值理论和 Copula 模型对投资组合的市场风险进行建模和研究。不仅通过选择合适的 Copula 函数，还根据不同的投资组合构造混合 Copula 函数将投资组合中各成分资产间的相关关系刻画出来，并准确方便地估计出 Copula 函数中的各参数或给出 Copula 函数的具体形式，可以为分析金融市场和金融资产间相依结构提供一个有效的工具，尤其是在刻画不同资产的尾部相关性时会比传统的单一 Copula 模型更加准确。本书还在模拟和预测多元投资组合的市场风险方面进行了有意义的探索：一方面，采用 R 藤 Copula 模型来刻画投资组合各成分资产间的相依结构，该模型不需要事先假定成分资产间相依结构的藤 Copula 结构形式，能够挑选出给定准则下最合适的藤 Copula 结构，可以避免由于假定不合理而导致的估计偏差；另一方面，采用时间序列模型和极值理论相结合的方法对于各成分资产的边缘分布建立了半参数的边缘分布模型，这样既可以突出极端事件对风险影响的重要，也可以避免由于对边缘分布形式作出提前假定而造成估计偏差。估计出藤 Copula 结构以及边缘分布参数后，采用蒙特卡罗模拟法模拟出符合藤 Copula 的各成分资产的收益率，最终再估计出投资组合在不同置信水平下的风险值。基于藤 Copula 结构和极值理论通过蒙特卡罗方法模拟预测风险值的方法，与传统的方法相比，它考虑成分资产间相依结构时更全面，同时也更突出了极端事件的影响，有利于提高风险预测的有效性和准确性。

从实践意义角度来看：从最近几十年发生的一些危机如 1994 年的墨西哥金融危机、1997 年的亚洲金融危机和 2008 年的美国次贷危机等，都可以看出极端事件对金融市场和世界经济的平稳健康发展造成了巨大影响和破坏，由此也可以看出利用极值理论研究市场风险，从而对极值风险提前做好防范，这些工作是很有现实意义的。

在市场变化莫测的情形下，为了分散风险、扩大经营范围和增加盈利等经济目的，很多投资者和投资机构都选择了混业经营模式，也就是不再简单的投资于某一单一的金融产品，而是进行组合投资，投资组合中的各成分资产来自不同的行业或领域。采用这样一种投资组合模式可能会分散风险，但是由于来自不同行业或市场的各种成分资产间存在着错综复杂的相关结构，如何准确度量出各成分资产间的相关结构，从而控制好集成后的总体市场风险，避免发生重大投资决策失误，这是所有投资者和投资机构都必须重视的一个问题。本书的一部分研究内容就是如何度量投资组合的市场风险，在模型构造和实证分析上都做一些研究和探讨，这些研究结果对于投资者和投资机构的有效控制和防范风险很有实践意义。

Copula 理论作为一种用来确定随机向量的联合分布和多个随机变量间相依结构的统计理论，已经被广泛运用到金融风险度量中。通过进一步推进 Copula 理论在金融风险度量中的运用，为处理极端金融事件提供一种更为简便有效的分析处理工具。本书的研究结论有助于金融市场管理者以及金融投资者等加强对金融极端风险的度量和监管，从而有效控制和合理规避金融市场的极端风险所造成的重大经济损失。

1.3 国内外研究现状

为了将研究现状介绍得更加具体和有针对性，本节分别从本书涉及的研究对象：风险值、极值理论和 Copula 理论这三个方面进行综述。

1.3.1 风险值研究现状

从广义上讲，金融风险分为以下几种：市场风险、信用风险、流动性风险、操作风险和法律风险。在统计学上，金融风险可以描述为一个随机变量 X，影响金融风险的一些因素如资产价格、外汇市场的汇率、利率等都可以看作随机变量。风险度量就是将风险转化为数值的过程。如果随机变量 X 为随机损失、ρ 为风险度量函数、$\rho(X)$ 为非负实数，则 $\rho(X)$ 是一个将随机损失即风险 X 转化为非负实数的函数，也就是所谓的风险度量函数。本书主要关注市场风险，采用的是一种在学术界和金融行业都应用非常广泛的市场风险的度量方法——风险值。

风险值的产生源于金融机构对自身内部风险控制的需求。多德（Dowd）指出，大量金融机构对于内部模型的研发在 20 世纪 70 年代末就已经开始，这些机构不仅希望能够支持自身内部风险控制，还希望将模型做成系统卖给其他机构。最具有代表性的是风险矩阵系统。它产生的背景是摩恩公司的董事长要求其员工在每个交易日结束之后提交一份一页的报告，以说明在未来 24 个小时内整个银行的所有投资组合的风险和潜在损失。这直接导致了能够度量出所有交易头寸的风险，并能够将所有风险都汇总到一个单一的风险度量中的系统产生，其中单一的风险度量就是本书所采用的风险度量工具——风险值。1994 年，该公司通过互联网免费公开了风险矩阵系统及必要的数据，该办法也得到了一些改进，金融机构开始广泛采用风险值系统。风险值又称为险价值，它实际上是衡量了一个金融头寸（或资产组合），在给定的持有期和给定的置信度下由于市场变动可能发生的最大损失。用统计的语言说，风险值是在给定的持有期，预计盈亏（常特指损失函数）分布的分位数。

　　风险值计算方法的核心在于如何确定资产组合收益（或损失）函数的统计分布或概率密度函数。根据是否对收益（或损失）函数的分布函数给出假设，它的计算方法分为三种：参数估计法、半参数估计法和非参数估计法。具体的方法有：历史模拟法、蒙特卡罗模拟法和方差－协方差法等。其中，应用比较多的是方差－协方差法。方差－协方差法是随着学者的研究不断发展完善的。最初人们假定资产收益呈正态分布，实际上，金融数据往往是尖峰厚尾的，因此往往会低估风险；后来有一些文献利用以 GARCH 模型为核心的 GARCH 模型族对波动率进行估计从而计算风险值；之后又有学者基于考虑极端事件对风险值的影响而将极值理论引入风险值及期望损失（excepted shortfall，ES）的预测中；此外有一些学者利用混合正态模型对最初的计算方法进行了改进。吉恩（Jorion，1996）详细介绍了风险值的定义，一般计算方法并总结了各种计算风险值方法的特点。白德（Beder，1995）用八种方法计算了三种假想资产组合的风险值，借以对比各种因素对风险值的影响程度。库比克（Kupiec，1995）提出了返回检验法用以检验风险值，使风险值方法成为一个完整的体系，完善了对各种风险值模型的评价。

　　郑文通（1997）最早将风险值方法引入中国，全面地介绍了该方法的产生背景、计算方法、用途及引入中国的必要性。姚刚（1998）除了介绍风险值的定义之外，还介绍了资产组合的风险值度量方法，并对线性资产定价模型和非线性资产定价模型进行了特别说明。刘宇飞（1999）提出了风险值方法在我国金融监管中的运用及其意义，并具体指出如何运用国际上通行的"事后检验"方法对 VaR 模型进行检验。王春峰等（2000）指出用蒙特卡罗（Monte Carlo）模拟法计算风险值所存在的缺陷，并提出基于马尔科夫（Markov）链和蒙特卡罗模拟的风险值计算方法。很多研究表明，对于金融市场大多数产品的收益率而言，独立同方差假设是不合适的，且很多时候也不服从正态分布的假设。因此，很多学者借助于一些更能刻画金融数据特征的计量模型来预测风险值。沈沛龙等（2011）使用正态分布下的 GARCH 模型研究了原油市场的价格风险。宫晓琳等（2014）提出了用随机极限正态分布替代传统的正态分布作为损失分布函数，并同时从理论与实证两方面进行了阐述。近年，有很多学者借助风险值模型来度量有不同成分资产的投资组合的集成风险，或者通过预测风险值来选择一个合适的投资组合的权重。苟红军等（2015）度量了外汇市场的美元、欧元、日元和港元对人民币汇率的等权重投资组合的市场风险。严太华等（2016）用风险值度量股市行业的市场风险。

关于风险值在金融风险管理中的研究已经形成一个庞大的体系，有关它的研究主要分为两方面：如何计算风险值的方法论研究和风险值方法在金融领域应用的研究。方法论研究主要包括计算风险值的各种方法的逐步改进和风险值的后验性检验方法的产生及发展；在金融领域应用的研究主要包括股票市场、期货市场、外汇市场等金融市场的风险度量。

1.3.2　极值理论研究现状

极值理论（extreme value theory，EVT）是一种针对序列的尾部数据进行建模分析的理论。它的运用领域非常广泛，主要应用领域有金融学、保险学和水文地质学等领域，最近 30 多年来发展非常迅猛。

极值理论中常用的两种模型分别是：区组最大值方法（BMM）和超阈值模型（POT）。区组最大值方法是只采用每组中的极大值建模，其他数据都被忽略掉了，这会增加模型参数估计的不确定性。针对此问题出现了超阈值模型，采用超过某一阈值的所有极端值进行建模，匹肯德兹（Pickands）认为这些数据一般近似服从广义帕累托分布（GPD）。利特贝特等（Leadbetter et al.，1983）给出了在独立同分布下，最大次序统计量标准化的渐近分布分别是三种极值分布的充要条件；还证明了在一定相依条件下，最大次序统计量标准化的渐近分布仍是极值分布，为超阈值模型的使用提供了理论依据。针对极值分布尾指数（或形状参数）估计的研究主要分为非参数的和参数的。其中，非参数的方法包括 Pickands 估计方法、Hill 方法、矩估计方法和核估计方法，Hill 方法应用比较广泛；参数估计方法中常用的是似然估计法。阈值的选择也有很多种方法，常用的方法有 Hill 图法、平均超出量函数（MEF）图法、峰度法、变点理论法、基于平均超出引入自助法、子样本自助法、序贯法、模拟法、厚尾分布与正态分布相交法、指数回归模型法、诊断法。这些确定阈值的方法各有优劣，至今没有一个统一的选择标准，使用相对比较广泛的有 Hill 图法、平均超出量函数图法、峰度法和变点理论法等。也有很多文献采取一种最简单的固定分位数法来确定阈值，如在考虑分布左尾时可以选定 5% 或 10% 的分位数作为阈值；相反，在考虑右尾时可以选定 90% 或 95% 的分位数作为阈值。

经典的极值理论讨论的是无条件的极值统计，有很多学者利用该方法对金融市场的风险进行了研究。麦克耐尔等（McNeil et al.，2000）首次将极值理论与 GARCH 类模型结合，构造了 GARCH-EVT 模型用来预测金融产品的风险值。玛牟特等（Marimoutou et al.，2009）用极值理论预测了原油市场的风险值。卡邦迪等（Kabundi et al.，2011）用极值理论分析了经济危机中和经济危机前美元对南非货币汇率的风险，并与方差－协方差法进行比较，发现极值理论得出的结果更有效。卡玛卡（Karmakar，2013）用极值理论预测了印度股票市场的风险值。李强等（2014）在用极值理论处理股票市场尾部的情况下，研究了中国台湾和韩国的股票市场之间的相关性。安丽等（2014）利用极值理论评估研究了生猪市场的价格风险。有关极值统计理论在风险管理中的研究不胜枚举，如张意翔等（2010）、叶五一等（2012）、庞素琳等（2014）、宋加山等（2015）。

综观以上文献，将极值理论直接用于一元资产的市场风险度量中，能够达到很好估计风险的效果，但鲜见直接采用多元极值理论度量多元资产的市场风险。如何在多元投资组合的市场风险度量中，借助极值理论突出极端事件对投资组合的市场风险的影响，是一个颇具意义的问题，也是本书主要研究的内容之一。

1.3.3　Copula 理论研究现状

Copula 模型是用来确定随机向量的联合分布和多个随机变量间相依结构的统计模型。斯卡洛（Sklar，1959）提出 Sklar 定理，为 Copula 函数与各边际分布函数以及联合分布之间建立了联系。在 Sklar 定理基础上，很多学者发展和完善了 Copula 理论，先后有学者提出和完善了 Gumble Copula、Clayton Copula、复合法构造 Copula；在这些学者的卓越工作下，Archimedean Copula 函数簇基本确定，吉内斯特等（Genest et al.，1986）证明了 Archimedean Copula 函数的一些性质。埃门布瑞斯等（Embrechts et al.，1999）第一次把该理论引入金融领域。耐尔森（Nelsen，2006）系统地介绍了 Copula 函数的基本性质及有关理论。

早期 Copula 理论的应用仅限于无条件分布情形，即仅仅研究 Copula 函数的参数不变的情形，没有考虑参数变化的情形。在提出参数随时间变化的条件 Copula 之后，条件 Copula 理论开始被应用于金融领域。柔肯戈等（Rockinger et al.，2001）建立了 Copula-GARCH 模型来动态研究金融变量间的相依性和风险。黄等（Huang et al.，2009）利用条件 Copula 理论和 GARCH 模型估计了投资组合的风险值。有关 Copula 方法在风险管理中应用的国外文献非常多，如苏拉译等（Salazar et al.，2013）、拜戈（Berger，2013）、陈等（Chen et al.，2014）、韦等（Weiß et al.，2013）、瓦尔达兹等（Valdés et al.，2016）。考虑到单一的 Copula 函数往往很难非常精确地刻画变量间的关系，也有很多学者致力于通过对不同的 Copula 函数进行混合的方法来提高拟合的精度，从而提高预测风险的能力，如欧阳等（Ouyang et al.，2009）、劳苏伦拉（Longla，2015）、迈斯尔等（Mesiar et al.，2015）。

Copula 理论在风险管理中的一个重要应用是模拟和预测高维投资组合的市场风险值。多元 Copula 函数虽然可以直接用于刻画高维投资组合中各成分资产的相依结构，但往往存在很大局限性：直接用多元 Copula 函数描述变量间相依结构时，隐含着变量两两之间具有相同相依结构的假设，没有考虑到实际情况中可能是变量间的相关性并不完全相同。因此，在维数超过二维时可能会导致模型描述的相依结构与实际结构存在较大的偏差。这样为了准确度量一个多元投资组合的集成风险，就需要建立一个考虑变量间相关结构差异性的 Copula 模型，乔（Joe，1997）提出的 pair-Copula 方法就解决了这一问题。它实际上是一种模块化的建模方法，利用基于条件独立构造模块对变量间的相依结构建模，主要思想是将多元 Copula 密度函数分解为一些二元 Copula 函数（也就是所谓的 pair-Copula 函数）密度函数和各边缘分布函数的乘积。百德福德（Bedford，2001）在 pair-Copula 方法的基础上，提出了采用藤结构将多元 Copula 密度函数分解为一些二元 Copula 密度函数，这样进行的高维 Copula 函数建模更具有灵活性和有效性。该方法一经提出就在理论研究和实证分析两方面引起了广泛的关注，如艾斯等（Aas et al.，2009）系统全面研究了藤 Copula 模型的降维分解、参数估计以及数值模拟问题等，并将该方法应用到金融领域。韦等（2013）建立了 D 藤 Copula 方法和 GARCH 模型、自回归条件双 Poison 模型相结合的模型，并用建立的模型度量了组合资产的风险，通过回测检验验证了模型的有效性。

我国对于 Copula 理论的研究始于 2002 年，张尧庭在理论上探讨了 Copula 模型应用于金融风险分析的可行性。韦艳华等（2003）指出运用 Copula 模型比向量 GARCH 模型在描述随机变量间时变条件相关关系方面更有效。张明恒（2004）构造了 Copula 计量方法来估计多元金融资产风险价值。任仙岭和张世英（2007）利用核估计方法和多元 Archimedean Copula 分析了投资组合风险。崔百胜（2011）利用藤 Copula 类模型讨论了欧元对美元、人民币、港元和日元货币汇率波动的相关性。周孝华等（2012）采用 Copula-SV-GPD 模型预测了多资产组合的风险。高江（2013）采用滕 Copula 模型预测了多资产投资组合的风险值。杜子平等（2013）建立了混合 C 藤 Copula 模型，并将之用于预测外汇资产组合 VaR 的实证分析中。吴海龙等（2013）采用 R 藤 Copula-AR-GARCH 模型分析了投资组合的市场风险。陈坚（2014）通过基于 Copula

与极值理论的 VaR 对比研究了中国股票市场尾部风险与收益率预测。吴建华
等（2014）提出了基于自举法技术的对数似然准则检验方法，可以在更大范
围内识别不同的 Copula 函数。马锋等（2015）通过藤 Copula 模型测度和预测
了股市组合的动态风险值。王璐等（2016）用动态 Copula 方法研究了国际多
元化下投资组合的优化问题。黄友珀等（2016）建立理论藤 Copula 方法已实
现 GARCH 模型，并选用中国股市风格指数组合进行了实证分析。严太华等
（2016）建立了基于极值理论的高维动态 C 藤 Copula 模型，并应用于股市行
业集成风险的估计中。

纵观以上文献，Copula 模型在度量金融市场风险中应用广泛。如何建立
一个合适的 Copula 模型，使得它不仅能够准确全面地刻画变量间相依结构，
而且用它来估计投资组合的风险值时算法简单易实现，是很值得研究的一个
问题。本书研究的一个重要部分就是构建估计投资组合风险值的 Copula 模型，
从构造混合 Copula 函数和借助图像学中的藤结构理论两个方面来研究这一问题。

1.3.4　主要研究问题

基于目前研究现状，本书主要研究金融产品的市场风险，理论研究部分
涉及统计学、金融计量学、投资学和金融风险管理等领域中的相关理论知识；
实证分析部分涉及外汇市场、原油市场和股票市场的单个资产、投资组合的
风险度量。本书主体部分由极值理论和 Copula 模型两部分研究内容组成，极
值理论部分主要是度量单资产的市场风险度量模型的构建以及实证分析和其
在投资组合中各成分资产的边缘分布模型中的应用，而 Copula 模型主要涉及
构建混合的二元 Copula 模型，以全面准确地刻画成分资产间的相依结构以及
高维 Copula 模型的建立和实证分析。本书遵循"提出问题—分析问题—解决
问题"的逻辑方法，重点研究了以下几个方面的问题：

第一，基于一元极值理论的单资产市场风险度量的研究。市场风险管理
的基础和核心是如何准确度量投资产品的市场风险，从选题的背景阐述中可
以看出，极端事件的发生对整个金融市场乃至整个经济社会会产生重大冲击，

若不能控制好极端风险，甚至可能会引发金融危机，这样借助极值理论来研究市场风险是很有必要的。如何在结合资产收益率的实际特点下，突出极端事件对市场风险的影响，从而准确有效地估计出风险值是本书研究和讨论的一个问题。

第二，二元投资组合市场风险度量的研究。一方面，Copula 理论作为一种用来确定随机向量的联合分布和多个随机变量间相依结构的统计方法，被广泛运用到金融风险度量中。如何选择一类合适的 Copula 函数将各资产间的相关关系刻画出来，并且能够较准确方便地估计出 Copula 函数中的各参数或者是给出 Copula 函数的具体形式，同时还要考虑到极端事件对市场风险的影响，也就是说如何结合极值理论和 Copula 模型来度量市场风险，这是本书研究和讨论的问题之一。

另一方面，Copula 函数作为一个刻画相依结构的有力工具，它也存在一些不足。由于单一 Copula 函数只能刻画某些特点的相依结构，而金融市场变量间的相依结构却是复杂多样的，因此单一的 Copula 函数难以准确且全面地刻画金融市场变量间的相关模式。为了克服这一不足，需要构造更灵活的混合 Copula 函数，以对金融市场中众多变量间的相依结构进行建模。如何构造和选择混合 Copula 模型，从而实现对金融市场中投资组合的市场风险的准确度量，是一个很有意义的研究问题，也是本书想要解决的一个重要问题。

第三，多元投资组合的市场风险的度量。在金融投资中，为了分散风险，投资者大多数是进行多元化投资，也就是构建各种适合自己的投资组合进行投资。金融市场中各种投资组合的成分资产间具有相关性，在预测投资组合的金融风险时必须考虑到它们间的相依结构。为了克服多元 Copula 函数在刻画成分资产间相依结构的不足，学者们构建并完善了藤 Copula 模型，本书采用藤 Copula 模型对变量间的相依结构进行描述。同时，为了考虑突出极端事件对市场风险的影响，还应将极值理论应用到度量多元投资组合的市场风险的模型中。由此可见，如何基于极值理论和藤 Copula 结构构建度量多元投资组合的市场风险的模型是一个非常值得研究的问题，这也是本书着重讨论和研究的问题之一。

1.4　研究方法与内容

1.4.1　研究方法

本书从建立理论模型和进行实证分析两方面研究市场风险的度量，下面从理论模型和实证分析两方面介绍：

1. 理论模型的构建

（1）一元极值模型——超阈值模型。考虑到本书的研究对象是金融市场中的资产收益率序列，既要考虑到极端事件对市场风险的影响，也要兼顾资产收益率序列所具有的时间序列特征。于是选择在 GARCH 模型的基础上构建超阈值模型和尾指数方法模型，并给出利用这些模型预测一元投资资产风险值的具体求解方法。

（2）基于极值理论和 Copula 模型的风险值预测。对于具有两种成分资产的投资组合，分别采用常见的几种 Copula 函数作为两种资产间的联结函数，再结合时间序列模型和极值理论构建风险值模型，并求解投资组合的风险值。

（3）基于混合 Copula 模型和极值理论的风险值预测。单一的二元 Copula 函数难以准确地刻画出投资组合中成分资产间的相依结构。为了克服这一不足，本书尝试通过构造一些混合 Copula 函数，同时结合极值理论构造边缘分布模型，来构建混合 Copula 模型。一种方法是借鉴模型平均理论中的权重选择准则，构造基于光滑最小信息量准则的混合 Copula 模型。另一种方法是借鉴已有参考文献，构造基于肯德尔秩相关系数的混合 Copula 函数，并给出模拟生成该混合 Copula 函数的伪随机数的算法，再通过该混合 Copula 函数来构建混合 Copula 模型。

（4）基于极值理论的多元藤 Copula 模型。为了准确并全面地刻画出投资组合中的各成分资产间的相依结构，同时又考虑到各成分资产的尾部特征，建立基于极值理论的多元藤 Copula 模型模拟和预测投资组合的市场风险，并在已有参考文献的基础上，给出了通过该模型的求解风险值的具体步骤和算法。

2. 实证分析

（1）用传统的风险值预测方法和极值理论中的超阈值模型，对美国西德克萨斯市场原油现货日收益率和外汇市场中各外汇对人民币收益率分别进行静态和动态的市场风险预测，并对每种方法的预测结果进行检验比较，体现出极值理论在刻画尾部风险时的优越性。

（2）用传统的 Hill 方法和一种为了克服传统方法不足的新尾指数估计方法，分别对外汇市场中各外汇对人民币日收益率序列进行市场风险预测，并对两种方法的预测结果进行检验和比较。

（3）采用基于极值理论的 Copula 模型，对由美元和港元组成的投资组合的风险值进行估计，并比较模型中采用不同 Copula 函数的预测结果优劣。

（4）采用基于光滑最小信息量准则的混合 Copula 模型，结合极值理论对美国西德克萨斯市场原油现货和上证指数组成的投资组合进行实证分析，并对混合 Copula 模型和单一 Copula 模型的预测结果进行了比较。

（5）采用基于肯德尔秩相关系数的 Copula 模型，对由上证指数和深成指数构成的投资组合进行实证分析研究，并在风险值最小的准则下选择最优投资组合。

（6）结合极值理论和藤 Copula 模型模拟估计了一个投资于亚洲主要经济体的股市指数五元等权重的投资组合的市场风险值，并比较了三种不同的藤结构 Copula（C 藤 Copula、D 藤 Copula 和 R 藤 Copula）模型和传统多元 Copula 方法估计市场风险值的优劣。

总之，在理论上主要遵循"提出问题—分析问题—解决问题"的逻辑方法，首先，将极值统计和 Copula 理论应用到预测市场风险中来；其次，按照重点分析论的方法，对极值统计中的阈值选择、相关性的消除以及尾指数的合理估计进行重点研究，同时重点研究的还有合适的 Copula 函数的选择以及边缘分布的合理估计、混合 Copula 模型的建立和求解；最后，再对所有建立的模型进行检验。

在实证分析部分采用定性分析与定量分析相结合的方法。同时，还借用比较研究的方法，对不同模型的预测效果进行比较，给出相对更准确的风险预测，从而提出更合适的建议。

1.4.2　研究内容

根据研究目标，确定本书研究基本内容主要包括一元部分、二元部分和多元（超过二元）部分，具体内容如下。

1. 一元部分的基本内容

一元部分的内容主要是：首先，介绍了极值理论的背景和意义，指出了研究极端事件对准确度量市场风险的重要性，即极值理论在风险管理中的重要地位。其次，介绍了极值理论的基本内容，包括极值分布的类型和几种常用的极值模型，以及求解这些模型的方法。再次，为了减少金融数据的一些时间序列相关性特征对极值模型应用的影响，采用 GARCH 类模型过滤原始数据，估计了将极值理论中的超阈值模型与时间序列理论中的 GARCH 类模型相结合，构建了动态的极值模型，并应用该模型实证分析了美国西德克萨斯市场原油现货的动态风险值。同时还比较了超阈值模型估计出的风险值与传统方差－协方差方法估计出的风险值进行比较，得出了引进极值理论后尤其是在置信水平更高的情形下风险值的预测准确率能提高的结论。最后，采用极值理论中的尾指数方法构建了预测风险值的模型，并将之应用于估计外汇市场几种重要的外汇的风险值；同时通过与传统方法预测出的风险值进行比较，在进行回测检验时发现尾指数方法更优。

2. 二元部分的基本内容

二元部分主要是度量投资组合的市场风险，具体内容是同时利用 Copula

理论与极值理论对投资组合进行建模，整个模型分两步完成。第一步是先对边缘分布采用极值理论建模，第二步是借助于 Copula 函数计算联合分布从而计算出风险值。在建立边缘分布模型时，本书结合核密度估计和极值理论中超阈值模型的半参数边缘分布模型建立了边缘分布的一个半参数模型，并证明了该边缘分布模型的收敛性，这样就构建了基于极值理论的 Copula 模型。同时本书还给出了整个模型预测风险值的具体过程和步骤，并对 Copula 模型进行了实证分析。具体是用该模型实证分析了一个由美元对人民币汇率和港币对人民币汇率等权重构成的投资组合的市场风险，在实证分析时注意到选用的数据具有时间序列特征，故先采用了随机波动模型（SV 模型）对数据进行了过滤处理，分别采用正态 Copula、t-Copula、Gumbel Copula、Clayton Copula 和 Frank Copula 函数对投资组合的各成分资产间的相依结构建模，选用两阶段极大似然法估计参数，蒙特卡罗法模拟估计出投资组合的日收益率，根据经验分布函数法估计出不同 Copula 函数下投资组合的风险值，并通过回测检验比较各 Copula 函数建模的效果。

在刻画投资组合成分资产的相依结构时，为了克服单一的二元 Copula 函数难以准确刻画出成分资产间的相依结构的不足，本书构造了混合 Copula 函数来刻画成分资产间的相依结构。一方面，本书借鉴模型平均理论中的权重选择方法，采用模型平均理论中的光滑最小信息量权重准则构造了混合 Copula 函数，并在此基础上建立了估计投资组合 VaR 的混合 Copula 模型。同时采用基于光滑最小信息量准则构造的混合 Copula 函数对由美元对人民币汇率和港币对人民币汇率组成的投资组合建模，估计投资组合的风险值，并与单一 Copula 模型中的结果进行检验比较。结果表明混合 Copula 模型拟合数据的效果要优于另外三种单一 Copula 模型。另一方面，本书在已有文献构造混合 Copula 函数的基础上，构造了基于肯德尔相关系数的混合 Copula 函数，并给出了生成服从该混合 Copula 函数的伪随机数的算法，构建了在风险值最小化准则下优化投资组合投资权重的模型。这种构造混合 Copula 模型的方法的算法相对简单，可以减少计算量和对数据进行过多假设而造成的误差。本书还利用该模型实证分析了由上证指数和深成指数组成的投资组合，在风险值最小化的准则下，给出投资组合最优权重的求解方法和步骤，得出投资组合权重建议，可以为投资者提供更有效的投资建议。

3. 多元部分的基本内容

多元部分主要是预测分析投资组合的成分资产超过两种时投资组合的市场风险。为了克服多元 Copula 模型在刻画成分资产间相依结构的不足，本书采用最大生成树和 pair-Copula 相结合的方法，即藤 Copula 方法来刻画投资组合的各成分资产间的相依结构，而对于各成分资产的边缘分布则采用时间序列模型和极值理论相结合的方法建模，估计出藤 Copula 结构以及边缘分布参数后，采用蒙特卡罗模拟法模拟出符合藤 Copula 的各成分资产的收益率，最终再估计出投资组合在不同置信水平下的风险值。书中给出了整个模型预测风险值的求解过程和具体步骤，最后采用该方法估计了一个投资于亚洲主要经济体的股市指数五元等权重的投资组合的集成风险值，并比较了三种不同的藤结构 Copula（C 藤 Copula、D 藤 Copula 和 R 藤 Copula）模型和传统多元Copula 模型估计投资组合风险值的优劣。检验结果表明，藤 Copula 模型的预测结果都可以通过检验，而多元 Copula 模型的预测结果由于高估了风险值，只能在低置信水平下通过检验。对于藤 Copula 模型而言，其中 R 藤 Copula 由于不需要假设生成树的具体结构，相对于另外两种藤 Copula 模型更加灵活和有效，预测结果最优。

1.5　结构安排与可能的创新

1.5.1　结构安排

本书一共有 6 章各章安排如下：

第 1 章绪论部分，主要包括本书的研究背景、研究的主要问题和研究意义；有关风险值、极值理论和 Copula 理论的研究现状；研究方法和研究内容；结构安排和主要创新点等几个方面内容。

第 2 章主要是基于极值理论的市场风险度量研究。首先简单介绍了市场风险度量的方法，包括风险值和期望风险值两种风险度量，并对两种风险度量进行了比较，指出各自的优点和不足之处，同时对估计这两种风险度量的各种方法进行了综述和比较。其次主要介绍的是一元极值理论以及它在风险度量中的应用，指出研究极端事件对准确度量市场风险的重要性，即极值理论在风险管理中的重要地位。再次介绍了极值分布的类型和几种常用的极值模型。随后采用极值理论中的超阈值模型与时间序列理论中的GARCH 类模型相结合，构建了动态的极值模型，并应用该模型实证分析了美国西德克萨斯原油市场的动态风险值，并与没有考虑极端事件时的风险值进行比较，得出了引进极值理论后（尤其是在置信水平更高的情形下）风险值的预测准确率能提高的结论。最后采用极值理论中的尾指数方法构建了预测风险值的模型，并将之应用于估计外汇市场几种重要的外汇的风险值，同时通过与传统方法预测出的风险值进行比较，发现在进行回测检验时尾指数方法更优。

第 3 章主要是基于极值理论的 Copula 模型的构建及实证分析。首先介绍了 Copula 理论产生的背景以及它在金融风险管理领域的应用现状。其次介绍了 Copula 理论的基本内容，具体包括 Copula 基本理论、Copula 函数的估计方法、最优 Copula 函数的选择准则以及几类常见的 Copula 函数。构建了基于极值理论的 Copula 模型，具体做法是在边缘分布建模时考虑到极端值的影响，建立了基于核密度估计和极值理论中超阈值模型的半参数边缘分布模型，并给出了该边缘分布模型的收敛性，同时给出了整个模型预测风险值的具体过程和步骤。最后对本节中所构建的基于极值理论的 Copula模型进行了实证分析，具体的是用该模型实证分析了一个由美元对人民币汇率和港币对人民币汇率等权重构成的投资组合的市场风险，在实证分析时注意到选用的数据具有时间序列特征，故先采用随机波动模型对数据进

行过滤处理，再分别采用正态 Copula、t-Copula、Gumbel Copula、Clayton
Copula 和 Frank Copula 函数对成分资产间的相依结构建模，选用两阶段极大
似然法估计参数，蒙特卡罗法模拟估计出投资组合的日收益率，根据经验
分布函数法估计出不同 Copula 函数下投资组合的风险值，并通过回测检验
比较各 Copula 函数建模的效果。

　　第 4 章主要是基于混合 Copula 模型和极值理论的风险值估计。首先指
出单一 Copula 函数在描述金融变量间相依结构时的不足，构造混合 Copula
函数的理论和实践意义。其次将混合模型理论中的确定子模型权重的方法
应用到混合 Copula 函数的构造中，构造了基于光滑最小信息量准则的混合
Copula 函数；并构造了基于光滑最小信息量准则和极值理论的混合 Copula
模型，并将模型应用于预测第 3 章中的投资组合风险值的实证分析中，并
比较它与单一 Copula 函数预测效果的优劣。再次介绍了几种基于 Copula 函
数的常见相关系数。最后构建了基于肯德尔秩相关系数的混合 Copula 模型，
给出此模型在风险值最小化的准则下确定投资组合的最优权重的步骤和算
法，并通过实证分析给出了由上证指数和深成指数组成的投资组合的最佳
权重。

　　第 5 章主要是基于极值理论的藤 Copula 模型的构建及实证分析。首先是
问题的提出，即指出将极值理论和藤 Copula 方法应用到市场风险度量中的意
义。其次介绍藤 Copula 模型包括 Copula 函数的分解、pair-Copula 函数以及几
种藤 Copula 结构。再次建立了边缘分布模型。接下来给出了此模型模拟风险
值的步骤和算法。最后进行了实证分析，预测在不同的藤 Copula 结构下模拟
估计了一个投资于亚洲主要经济体的股市指数五元等权重的投资组合的不同
置信水平下的风险值，并通过回测检验，判断比较了三种不同的藤结构 Copu-
la（C 藤 Copula、D 藤 Copula 和 R 藤 Copula）模型和传统多元 Copula 方法的
优劣。

　　第 6 章是全书的结论与展望。给出了本书的主要工作、主要结论、在本
书基础上值得进一步讨论和研究之处以及未来的研究展望。

为了更直观了解本书的具体结构安排，图 1 - 1 给出了本书的结构示意图。

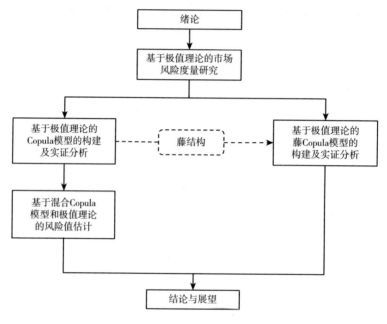

图 1 -1   本书研究结构

1.5.2   特色和可能的创新

本书的特色主要体现在：联系市场风险度量研究的实际情况，采用风险值作为本书度量市场风险的工具，选择在现实中对巾场风险有很大影响的极端事件和资产组合间各成分资产的相依结构作为研究的重点，这使得研究更有针对性。研究内容中既有理论模型的构建，又有实证分析比较。研究方法力求做到严谨可信，模型构造中的主要结论和算法由理论推导所得，对实证分析中的结论也进行了模型检验。

极值理论和 Copula 模型是用来刻画金融数据的厚尾、金融资产间非线性相关的方法，与传统的正态性假设相比更能反映现代金融市场的特征。本书可能的创新之处主要总结为以下五点。

（1）为了克服传统极值理论假设序列尾部是独立同分布的不足，书中结合 Iglesias 给出的新的估计尾指数方法和传统的 Hill 估计尾指数方法，将极值理论和 GJR-GARCH 模型相结合，估计和预测金融产品的市场风险的风险值。书中在用新的尾指数方法度量外汇市场各币种的风险值时，结合我国政府和涉及外汇业务机构的实际情况，选择人民币作为基准，分析研究几种重要外汇对人民币汇率波动的市场风险，并通过回测检验表明了书中选用的新方法相对于传统方法更为有效（特别是在高置信水平下）。

（2）在构建 Copula 模型来估计投资组合的风险值中，进行边缘分布估计时，书中给出了一种核密度估计方法与超阈值模型相结合的模型，并给出了该估计边缘分布模型的收敛性。作为一种半参数模型，该模型既可以避免由于不当的假设而造成模型估计失真，又能保证估计出的边缘分布具有连续性。本书采用两阶段建模方法，分别对成分资产的边缘分布和成分资产间的相依结构建模，既考虑了极端事件的影响，又考虑了变量间的非线性相关性，这样预测出来的风险值更接近真实情况。在实证分析中，采用五种常用的单一Copula 函数对由美元对人民币汇率和港币对人民币汇率组成的投资组合建模，估计投资组合的风险值，并对估计效果进行比较，结果表明 t-Copula 函数拟合数据的效果最优。

（3）借鉴模型平均理论中的权重选择方法，采用模型平均理论中的光滑最小信息量权重准则构造了混合 Copula 函数，并在此基础上建立了估计投资组合风险值的混合 Copula 模型。同时采用基于光滑最小信息量准则构造的混合 Copula 函数对由美元对人民币汇率和港币对人民币汇率组成的投资组合建模，估计投资组合的风险值，并与单一 Copula 模型中的结果进行检验比较，结果表明混合 Copula 模型拟合数据的效果要优于另外三种单一 Copula 模型。

（4）在已有文献构造混合 Copula 函数的基础上，构造了基于肯德尔秩相关系数的混合 Copula 函数，并给出了生成服从该混合 Copula 函数的伪随机数的算法，构建了在风险值最小化准则下优化投资组合投资权重的模型。这种构造混合 Copula 模型方法的算法相对简单，可以减少计算量和对数据进行过多假设而造成的误差。本书还利用该模型实证分析了由上证指数和深成指数组成的投资组合，在风险值最小化的准则下，给出投资组合最优权重的求解方法和步骤，得出投资组合权重建议，可以为投资者提供更有效的投资建议。

（5）在估计多元投资组合的风险值时，若用单一的多元 Copula 函数来对投资组合的成分资产间相依结构建模，隐含着成分资产两两之间具有相同相依结构的假设，但实际上金融市场各成分资产间相依结构错综复杂，很难满足两两间具有相同相依结构的假设。为了克服这一不足，书中将藤方法尤其是 R 藤结构和 pair-Copula 理论相结合的藤 Copula 模型应用于刻画投资组合中成分资产间的相依结构。同时为了突出极端事情对风险的影响还对成分资产的边缘分布建立了半参数的极值模型，与 C 藤 Copula 和 D 藤 Copula 模型相比，R 藤 Copula 模型不需要预先假定生成树的结构，故在刻画相依结构时比其他两种模型显得更灵活有效。接着书中还给出了藤 Copula 模型和极值理论下模拟和估计风险值的具体步骤的流程图，简洁明了地描述了整个建模和模拟过程。为了比较各模型估计投资组合风险值的效果，书中实证分析了一个五元投资组合的市场风险值，它的成分资产是亚洲五个重要经济体的股市指数。实证结果表明单一的多元 Copula 模型高估了风险，虽然三种藤 Copula 模型都可以通过检验，但 R 藤 Copula 模型回测检验的效果最优。可以看出，实证分析选用的投资组合覆盖了亚洲主要经济体的股票市场，由它们组成的投资组合具有一定分散风险的能力。通过藤 Copula 模型研究该投资组合的市场风险不仅可以预测风险值，为投资者或投资机构控制风险提供建议，也有利于了解亚洲各股市间风险的相依性，为各经济体的股票市场监管机构防范和应对大面积的股票市场的大波动提供建议。这些结论都可以为投资者和投资机构做好风险准备金储备和规避风险提供一定的建议。

第2章 基于极值理论的市场风险度量研究

2.1 市场风险度量简介

2.1.1 市场风险度量背景

随着世界经济一体化的不断加深，每个国家或地区的经济发展都会不同程度受到全球经济环境的影响，最能体现这种影响程度的应属各国或地区的金融市场了。1997年的亚洲金融风暴、2008年由美国次级债引发的全球金融危机等使人们深刻认识到金融风险管理的重要性，认识到一个国家或地区的金融危机对全球金融市场乃至全球经济的危害。这更加引发了各国金融监管部门和金融机构本身对风险监管的加强，也吸引了一大批学者和投资者对该如何度量风险从而对之加以监管进行研究。

金融风险可以定量地描述为一个随机变量 X，而影响金融风险的风险因子如金融市场中产品的价格、外汇市场的汇率、利率等也都可以看作随机变量。风险度量就是将金融风险转化为数值的过程。如果 X 表示随机损失，ρ 表示风险度量函数，$\rho(X)$ 表示非负实数，则 $\rho(X)$ 是一个将风险 X 转化为非负实数的函数，也就是所谓的风险度量函数。

为说明风险管理中相关统计方法的监管背景，这里首先简单介绍巴塞尔协议，它是在1988年由巴塞尔银行监管委员会制定的，随后被G10国家的中央银行采用。该协议通过对商业银行的风险管理设定最小资本金要求，迈出了对风险管理进行监控的第一步。其中一个要求是以8%作为其最小偿债能力比率，偿债能力比率是指资本金与风险加权资产之间的比率。另一个要求是将资产资本乘数的上界设定为 20，资产资本乘数是银行的总资产与其总资本的比。最初该协议主要关注于发行者的信用风险，直到 1996 年，修订后的协议允许银行使用内部模型来计算其市场风险要求的资本金，将注意力更多转向了市场风险。这些内部模型的建立是依赖于统计方法，这些内部模型用于对所有的交易头寸计算市场风险的大小（在单边 99% 置信度下 10 个交易日内的最大损失），模型参数至少 3 个月更新一次。

巴塞尔协会分别在 1999 年和 2001 年对该协议进行了进一步修订。巴塞尔协议 II 于 2007 年被 G10 国家和其他许多国家采用，它将风险资本金要求扩展到了更广范围的风险种类，并将传统的银行业务、资产管理与经纪人业务相结合。2008 年次级债危机后，为了在监管效率与安全间寻找新的平衡点，巴塞尔协会在 2010 年对该协议进行进一步完善，也就是巴塞尔协议 III。

从广义上讲，金融风险可以分为以下几种：市场风险、信用风险、流动性风险、操作风险和法律风险等，本书主要选择市场风险作为研究对象。所谓市场风险又被称为风险价值，很多学者认为它是指由于一些投资者或投资机构因无法事先预料到市场条件变化而造成投资组合的收益偏离预期收益的风险，可见市场风险具有随机性。换言之，市场风险也就是各种不确定市场风险因素导致的投资者或投资机构的实际收益的损失，而这些不确定的风险因素在风险管理中常被称为风险因子，常见的风险因子有资产价格、市场环境波动、利率、汇率、市场流动性等。

2.1.2 市场风险度量方法

要想做好风险管理防范和控制工作，需要解决的核心问题是如何准确而及时地测度出风险的严重程度，也就是说风险度量就是风险管理的基石，是首要解决的问题。伴随着越来越多的国家和地区开放金融市场，金融全球化规模越来越大，金融市场的发展速度越来越快，金融产品和其创新衍生品推出的种类和速度也是增长迅猛，使得市场风险的度量也就变得更加复杂、困难，度量方法也随之不断改进。

由传统的灵敏度分析法和波动性分析法逐渐演变为如今使用广泛地，与极值理论、时间序列模型和 Copula 方法相结合的风险值方法和期望损失方法。传统的灵敏度分析法是考虑各种市场风险因子变化对投资者收益产生的影响。在该方法中，金融市场中各种利率、汇率、金融产品（含股票、债券等）的价格和各种金融指数，都被作为度量市场风险的基础指标也就是所谓的风险因子。这些因子几乎时刻改变着，若一个投资组合中包含有这些因子，那么因子的变动就会引起投资组合总价值的变化，对这种由于风险因子的变动而导致的投资组合总价值的变动进行分析的方法称为灵敏度分析法。简而言之，灵敏度分析法就是考虑投资组合总价值的变化率与对其有影响的风险因子变化率的比值；比值越大，该投资组合受风险因子的影响就越大，其市场风险也就越大。灵敏度分析法的优点在于简单直观，但是若投资组合收益率的变化率与风险因子的变化率之间不是呈线性关系时，该方法的结论就不太准确了。

另外，波动性分析法也是一种度量市场风险的传统方法。它主要是对投资组合收益的波动率进行分析，这里的波动率指的是投资组合的实际收益率与预期收益率间的偏离程度，实际应用中常用方差或者标准差来表示波动性。波动性分析法的优点在于简单明了、计算方便，但是该方法存在很大的缺陷。如用标准差来衡量波动性时，没有考虑实际收益率与预期收益率的偏离是正值还是负值，这与实际投资行为中风险的含义是不符的，会导致将超额收益当作风险，这显然是不合理的。该方法还有一个重要的不足，就是不能刻画当今金融数据有偏、尖峰厚尾的特征。

正是由于传统的度量方法存在明显的缺陷，已经不能适应现在金融市场日新月异的变化。因此，很多学者提出了基于金融产品收益率的损失分布函数来度量风险的方法，这也是目前测度市场风险使用非常广泛的方法。下一小节介绍的就是基于损失函数的度量风险方法，也就是目前学术界和金融界使用广泛的两种市场风险的度量工具——风险值和期望损失以及这些度量方法的优缺点，它们常被简记为 *VaR* 和 *ES*。

1. 风险值

风险值即 Value at Risk，它又常被翻译为在险价值。实际上它衡量了一个资产组合（或金融头寸），在给定的持有期和给定的置信度下，由于市场发生变动可能产生的最大损失。采用统计语言，风险值是指在给定的持有期和给定的置信水平下，预测估计投资组合盈亏函数（常特指损失函数）的分布函数的分位数。下面给出风险值即 *VaR* 定义的数学表达式。

定义 2.1.1 $VaR_\alpha = \inf\{l \in R : P(L > l) \leq 1 - \alpha\} = \inf\{l \in R : F_L(l) \geq \alpha\}$

$$(2.1)$$

其中：L 为损失函数，$\alpha \in (0,1)$ 为置信水平，F_L 为损失函数 L 的分布函数。

特别的，若损失函数的分布函数连续，则损失函数在置信水平 α 下的风险值为 $VaR_\alpha(L) = F_L^{-1}(\alpha)$。

风险值方法的应用领域非常多。对于金融风险管理，它可理解为进入一个风险头寸的资本金要求，且可以通过基于网络的系统直接进行风险值的计算。最近几十年它已经成为一个标准的风险度量。但它有一些缺点，最主要的有：

（1）它没有考虑超过风险值水平之外的损失，这样会低估实际损失。即风险值方法仅仅是考虑了在一定的置信水平下风险的临界值，并没有考虑若超过临界值的风险发生之后投资组合的损失情况。

（2）阿特兹呢（Artzner，1999）提出，风险应该满足一致性风险度量公理体系，但风险值不是一致性风险度量，它不满足该公理体系中的次可加性，因此不是一个相容性风险度量。所谓次可加性是指两个风险组合在一起的总风险应该小于它们单个风险之和，该性质与资产组合应具有风险分散效应的性质相一致。

2. 期望损失

为了克服风险值不满足次可加性的不足，阿卡必等（Acebi et al.，2002）

提出一个新的风险度量方法：期望损失方法，它又常被称为预期不足或条件在险价值。该方法考虑的是超过风险值部分的投资组合或金融头寸的损失函数的期望值。

定义 2.1.2　若损失函数 L 有 $E(|L|) < \infty$，分布函数 F_L 在 α 水平的预期亏损 ES 定义为：

$$ES_\alpha = \frac{1}{1-\alpha} \int_\alpha^1 q_u(F_L)\,\mathrm{d}u \tag{2.2}$$

进一步：
$$ES_\alpha = \frac{1}{1-\alpha} \int_\alpha^1 VaR_u(L)\,\mathrm{d}u \tag{2.3}$$

显然，$ES_\alpha \geqslant VaR_\alpha$。

期望损失方法与风险值方法相比，期望损失不仅是相容性风险度量，它在价格出现的波动大时比风险值方法更能准确地度量金融风险。杨娴等（2011）以国际有色金属期货市场为例，比较了风险值和期望损失风险度量功能，此外也有很多其他学者针对其他市场进行了类似的比较，通过实证分析得出的结果与理论结论相一致。这些结论为金融机构如何选择合适的风险度量作为自己的风险监控工具的问题，提供了可信的理论指导以及实践论证。

3. 计算风险值和期望损失的方法

从定义 2.1.1 可以看出，风险值本质上是某资产组合（或金融资头寸）在一定的持有期内其收益（或损失）分布函数的分位数。从而风险值计算方法的核心在于如何确定金融资产（或资产组合）收益（或损失）函数的统计分布或概率密度函数。根据是否对收益（或损失）函数的分布函授给出假设，它的计算方法分为三种：参数估计法、非参数估计法和半参数估计法。

具体的方法有历史模拟法，蒙特卡罗模拟法和方差－协方差法等。风险值方法提出之初，计算风险值使用的比较多的方法是方差－协方差法，该方法也随着学者的研究不断发展完善。最初人们假定资产收益呈正态分布，实际上，金融数据往往是有偏、尖峰厚尾、具有波动集聚性等非正态的特点，因此往往会低估风险。后来又利用以 GARCH 模型为核心的 GARCH 模型族对波动率进行估计从而计算风险值的值。另外还有学者基于考虑极端事件对风险值的影响而将极值理论引入风险值及期望损失的预测中，还有一些学者利用混合正态模型对最初的计算方法进行了改进。下面给出风险值和期望损失的具体计算方法。

（1）历史模拟法。历史模拟法是最简单的非参数化方法，不必对复杂的市场结构作出假设。主要思想是假设取样周期中样本的收益（或损失）函数的分布函数不会改变，用收益函数的经验分布函数代替收益的分布函数，计算出对应置信水平的风险值和期望损失。历史模拟法计算简单，但这其中隐含假设历史可以重演，很显然是与实际情况很不相符的。一方面，很多极端事件和突发事件是很难重复的，也有很多以前对收益会有影响的风险因子现在未必会有影响；另一方面，也可能会有新的风险因子产生影响，这些都是历史模拟法所无法考虑的，因此用此法计算出来的风险值不会超过历史最大值。

历史模拟法作为一种常用的风险值估值的方法，其优点是简单直观，易于操作，是最简单的非参数方法。但它也有很多缺陷，如用历史信息并不能预测未来的突发事件，不能提供比样本中最坏损失还要坏的损失值，不能做极端情形下的敏感性测试等。

（2）蒙特卡罗模拟法。蒙特卡罗模拟法又称为随机模拟法，其基本思想是利用风险因子的历史波动参数产生未来风险因子波动的大量可能路径，通过模拟分布可以导出真实分布，预测出风险值和期望损失。这种方法可以很好地处理非线性、非正态问题。

为了提高蒙特卡罗模拟法的计算速度，减少工作量，学者们对该法进行了很多改进，如利用 Copula 模型、矩匹配技术、分层抽样技术、重要性抽样技术、条件蒙特卡罗模拟法等。

蒙特卡罗模拟法的基本思想来源于描述法，这种方法不仅保留了描述法中能处理非线性问题和提供风险分布的特点，还避免了在情形设定时容易出现的随意性和不一致性，可以用来分析各种类型的风险。

（3）方差 – 协方差法。方差 – 协方差法在预测风险值和期望损失值时应用非常多，加之学者们也不断对此方法进行改进，以便更好地预测风险值，为人们的决策提供更准确的参考信息，更好地控制风险。

第一，传统的方差 – 协方差法。该方法的核心是基于对收益（损失）函数的分布的方差和协方差矩阵进行估计而得名，又称为分析法或参数法，其假定收益（损失）函数服从正态分布。然后根据已有样本估计出分布的参数值，得出分布函数，再利用 VaR（即分位数）和 ES 的定义进行计算。

第二，基于时间序列模型 ARCH、GARCH 类方差 – 协方差法的改进。广义自回归条件异方差 GARCH 模型是在 1982 年恩吉尔（Engel）引入的自回归条件异方差 ARCH 模型基础上，由伯乐斯而威（Bollerslev）于 1986 年提出的。它主要是针对波动率建模，解决了残差异方差问题，并逐步形成了以 GARCH 模型为核心的 GARCH 模型族，大量实证分析表明对大部分金融数据用 GARCH（1，1）模拟效果较好。于是很多学者通过利用 GARCH 类模型对资产收益率的波动率进行建模，从而预测出风险值，为投资者和金融监管机构控制风险提供参考。

第三，基于极值理论的方差 – 协方差法的改进。极值理论主要是考虑极端事件对风险管理的影响，它被广泛应用于水文、保险及风险管理等领域。一些学者也将极值理论引入风险度量的应用中，主要考虑到收益（损失）函数的分布很多时候是重尾的，即极端事件对风险值的影响比较大。常用的模型有区组最大值方法、超阈值模型、极值指数理论等，利用极值理论可以很好地估计极端情况下风险值。

现在，也有很多学者为了在考虑极端情况下，更好地对资产收益率的波动率进行建模，将极值理论与 GARCH 类模型结合起来拟合数据，从而计算风险值，如极值-GARCH 模型等，这方面的文献也是非常多。

第四，基于混合正态理论的方差 – 协方差法的改进，是为了解决金融时间序列尖峰重尾现象而提出的，一般假设某个分布是由两个正态分布混合构成。将标准正态分布和混合正态分布的密度函数对比可以发现，混合正态分布能很好地捕捉金融数据的重尾性，另外，混合正态分布也能用于拟合双峰分布。该方法的核心在于参数估计。

4. 风险值方法的检验——回测检验

原理：若估计是合理的，在比较风险值的估计值与实际风险值的 m 次实验中，实际风险值超过风险值的估计值的次数应该服从二项分布 $B(m, 1-\alpha)$。

一般情况下，我们将需要研究的数据分为两部分，利用一部分数据进行建模并预测风险值和期望损失的值，剩下的那部分数据则用来进行对模型的检验。若真实值不超过预测值，则认为试验成功；反之则认为试验失败。总的失败的次数若超过试验次数和置信水平 $(1-\alpha)$ 的乘积，则模型需要改进；反之，模型是可以接受的。

据此原理可以构造一些检验统计量，使用比较广泛的有库比克（Kupiec，1995）提出的统计量 LR 为：

$$LR = 2\ln[(1-p)^{T-N}p^N] - 2\ln\{[1-(N/T)]^{T-N}(N/T)^N\} \tag{2.4}$$

其中：p 为给定的置信性水平，T 为总的实验次数，N 为实验成功的次数。

库比克指出，若构建的风险值模型的预测是可接受的，则统计量 LR 服从 $\chi^2(1)$ 分布。

2.2 极值理论的背景和极值分布类型

2.2.1 极值理论的背景

近几十年的人类经济发展过程中，因为一些极端事件的发生，而导致严重损失的案例不胜枚举，如 1997 年的东南亚金融风暴、2008 年的美国次贷危机等。从这些例子可以看出，在经济领域尤其是金融领域，一旦不幸的发生了"黑天鹅"般的极端事件，整个世界金融体系会遭遇难以估计的巨大损失，从而对世界经济生产发展带来严重破坏。因此，在金融风险管理时，很有必要考虑到各种极端风险并对其进行合理的测度。而极值统计理论的核心内容之一就是研究各种极端事件发生的概率，这也是准确预测市场风险和控制管理风险的基础，是我们进行金融风险管理的一个有效工具。

所谓极值，在数学上可以理解为随机变量的极端变异性。其在统计学的表现就是一个数据集合中的一些极端值（最大值或最小值），而这些极端值对应的样本就是极端事件。如此一来，上述要讨论的概率就转化为如何求解或者估计出已知样本中的极端值随机变量的分布函数。

从第 2.1 节内容可以看出，本书选用的度量市场风险方法——风险值方法的核心在于如何确定资产组合收益（或损失）函数的统计分布函数或概率密度函数。在传统的风险值计算方法中，往往没有考虑到金融数据常具有厚尾性，这样估计出来的资产收益（或损失）函数的分布函数的尾部就不够准确，据此预测出来的风险值也常常是低于实际风险，也就是所谓的"低估了风险"。为了避免由于低估风险而造成巨大损失，在实际的风险管理中，人们往往对金融资产收益率大起大落时的情况更为关心。正如菲利普（Philippe）所指出的"对于极值事件，从来没有证明价格波动的高斯定理成立，这是因为中心极限定理仅能应用于分布的中心区。金融领域最关心的是这些极端风险，首先要控制的也是它们。最近几年，国际监管当局一直试图制定一些规定以限制银行暴露在这些极端风险面前⋯⋯简单地去掉这些极值事件的影响的做法是相当愚蠢的"。正因如此，为了解决这一问题，以便更精确地估计风险值，有学者基于考虑极端事件对风险值的影响而将极值理论引入风险值的预测中。

本章主要内容就是将极值理论运用到估计金融产品的风险值上，利用极值理论预测风险值，希望可以较准确刻画出一个金融头寸或投资组合的市场风险大小，从而达到预防和控制市场风险的目的。极值理论需要解决的首要问题是哪些分布可以作为极值分布和分布的尾部可以收敛到某个特定的极值分布的条件是什么，接下来的一小节就是介绍这一内容的。

2.2.2 极值分布类型

极值理论是统计学理论中的一个重要部分，它主要用来研究随机变量的极值分布及其特征，对随机变量的分布函数重尾现象有突出的针对性。它的一个优点是不需要对总体分布做出假设，直接利用样本的数据推断出总体分布的尾部特征。因此，将极值理论应用到风险管理可以弥补传统方法中风险值对极端事件关注的不足，有利于更精确地度量金融市场各种风险（如市场风险、信用风险、操作风险等）的极端风险。

经典极值理论主要研究两个问题：究竟哪些分布可以作为极值分布（即极值类型定理）和能收敛到某个特定的极值分布条件是什么（即极值分布的最大值吸引场条件）。

Fisher-Tippett 的极值类型定理解决第一个问题：设 $\{X_1,\cdots,X_n\}$ 是独立同分布的随机变量序列，$M_n = \max\{X_1,\cdots,X_n\}$，如果存在常数列 $\{a_n > 0\}$ 和 $\{b_n\}$，使得 $\lim\limits_{n \to \infty} P\left(\dfrac{M_n - b_n}{a_n} \leqslant x\right) = H(x)$，$x \in \mathrm{R}$ 成立。其中，$H(x)$ 是非退化的分布函数。那么，H 必属于下列三种类型之一：

Ⅰ：$H_1(x) = \exp(-e^{-x})$，$-\infty < x < +\infty$　　（称为 Gumbel 分布）

Ⅱ：$H_2(x,\alpha) = \begin{cases} 0, x \leqslant 0 \\ \exp(-x^{-\alpha}), x > 0 \end{cases}$　$\alpha > 0$　　（称为 Fréchet 分布）

Ⅲ：$H_3(x,\alpha) = \begin{cases} \exp\{-(-x)^\alpha\}, x \leqslant 0 \\ 1, x > 0 \end{cases}$　$\alpha > 0$　　（称为 Weibull 分布）

需要指出的是这三种分布函数具有以下性质：

（1）当 $\alpha = 1$ 时，$H_2(x,1)$、$H_3(x,1)$ 称为标准 Fréchet 分布与标准 Weibull 分布。

（2）称 a_n、b_n 为规范化常数；α 称为分布的尾指数，记 $k = -1/\alpha$ 为分布的形状参数。

（3）以上三种分布统称为极值分布。

（4）从数学的角度，设 $X > 0$，则：$X \sim H_2 \Leftrightarrow \log X^\alpha \sim H_1 \Leftrightarrow -X^{-1} \sim H_3$。

故在某些场合，为方便起见，可以假定其中任意类型的极值分布。

虽然以上三种分布被统称为极值分布，但它们的表达形式可以统一，也就是很多文章中所提到的广义极值分布（generalized extreme value，GEV），广义极值分布的具体定义见下。

定义 2.2.1　广义极值分布的分布函数定义如下：

$$H_\xi = \begin{cases} e^{-(1+\xi x)^{-\frac{1}{\xi}}}, & \xi \neq 0 \\ e^{-e^{-x}}, & \xi = 0 \end{cases} \tag{2.5}$$

其中：$1 + \xi x > 0$，ξ 是形状参数。

若引进位置参数 μ 和尺度参数 $\sigma > 0$，则可以定义三个参数的 GEV 分布函数族如下：

$$H_{\xi,\mu,\sigma}(x) \sim H_\xi \left(\frac{x-\mu}{\sigma} \right) \tag{2.6}$$

2.3　常用的极值理论模型

第 2.2 节解决了极值分布的类型以及分布函数尾部收敛到特定极值分布的条件后，就可以在此基础上建立各种极值统计模型。目前，在金融领域中常用的极值理论模型主要有两类：一类是较传统的方法——极值定理模型，是对组内最大值或最小值的分布直接建模，即区组最大值方法（block maxima method，BMM 模型）；另一类是现代主流方法——广义 Pareto 分布模型，主要是对样本中所有超过某一阈值的数据建模，也称为超阈值模型（peak over threshdd，POT）。下面对这两个模型以及模型的参数估计方法进行具体阐述。

2.3.1 区组最大值方法

无论是考虑自然灾害造成的损失，还是考虑金融异常事件带来的收益损失，样本的极大值都反映了损失的最严重程度。如果能够估计出极大值的分布，那么就可以预计出最严重的损失情况。本小节介绍的区组最大值方法就是基于这种思路进行建模的。

BMM模型的具体方法是将独立随机观测序列 $\{X_i, i = 1, \cdots, n\}$ 按时间等标准分隔为若干互不重叠的子区间，选取每个子区间的最大值构成新的序列进行研究。由 Fisher-Tippett 的极值类型定理可知，每个区间的最大值构成序列的极限分布是广义极值分布（GEV）。本书是利用由每个子区间最大值构成的数据来估计极值分布未知参数的，显然，得到的估计可能依赖于子区间长度的选择，这也是区组最大值方法一个需要改进的地方。

估计形状参数 ξ 的参数方法一般有两种：极大似然法和回归方法，由极人似然法得到的估计是无偏的、渐近正态的，且在适当的假设下具有最小方差；最小二乘估计是相合的，但比极大似然估计的有效性低。所以大多数学者是采用极大似然法来估计形状参数 ξ 的。同样也可以采用一些非参数方法来估计形状参数 ξ，其中主要有两种方法：Hill 估计和 Pickands 估计，这两种估计不需要考虑子样，直接应用到观测序列上，在后面将进行介绍。

首先，区组最大值方法需要对原始数据分组，然后再估计每组最大值构成的子样进行渐近分布，这样就要求样本足够大，且会造成很大的数据浪费，忽略了其他一些可能很重要的信息。其次，金融数据的一些极值可能是相继出现的，区组最大值方法没能考虑到波动集聚性。最后，区组最大值方法预测的风险值和子区间的长度有相关性，很多时候对分组的方式很敏感，可靠度不足。考虑到区组最大值方法的一些不足，有学者提出了基于超出某一阈值的所有数据建模的超阈值模型，这也是目前极值统计理论中使用最广泛的一个模型。

2.3.2　超阈值模型

1. 超阈值模型的建立

超阈值模型是对样本中所有超过某个充分大的阈值的数据进行建模的方法。在建立超阈值模型之前，先需要了解一类分布函数——广义帕累托分布。

定义 2.3.1　定义广义帕累托分布的分布函数为：

$$G_{\xi,\beta}(x) = \begin{cases} 1 - \left(1 + \dfrac{\xi x}{\beta}\right)^{-1/\xi}, \xi \neq 0 \\ 1 - \exp\left(-\dfrac{x}{\beta}\right), \xi = 0 \end{cases} \tag{2.7}$$

其中：$\beta > 0$ 为分布的尺度参数，ξ 为分布的形状参数。当 $\xi \geqslant 0$ 时，$x \geqslant 0$；当 $\xi < 0$ 时，$0 \leqslant x \leqslant -\beta/\xi$。

形状参数 $\xi > 0$ 时，广义帕累托分布具有厚尾的特点；$\xi = 0$ 时，广义帕累托分布就退化为指数分布；而 $\xi < 0$ 时，广义帕累托分布具有短尾的特点。

有了以上准备工作，下面可以来讨论超阈值模型的建模思路和具体方法。超阈值模型强调超额值的分布，即它关注超过某一阈值 u 的观测值或极限事件，是基于广义帕累托分布来拟合超出量的一种模型，即对超过某一充分大阈值的所有观测数据进行建模。该模型的具体做法如下：对于观察到的金融资产的损失数据 X_1，X_2，$\cdots$，X_n，设总体分布函数是 $F(x)$，选择一个充分大的阈值 u，若 $X_i > u$，则记超出量为 $Y_i = X_i - u$，Y_i 的分布函数为：

$$\begin{aligned} F_u(y) &= P(X - u \leqslant y \mid X > u) = \frac{P(X \leqslant u + y, X > u)}{P(X > u)} \\ &= \frac{F(u+y) - F(u)}{1 - F(u)} = \frac{F(x) - F(u)}{1 - F(u)} \end{aligned} \tag{2.8}$$

由式（2.8）很容易计算出超过阈值时总体分布函数：

$$F(x) = (1 - F(u)) \times F_u(x) + F(u), X > u \tag{2.9}$$

如果已知总体 $F(x)$ 的分布形式，则可以直接由式（2.9）得到超出量函数的具体分布。但在实际情况中总体分布大多是未知的，这就需要用极值统计理论推出总体的渐近分布。根据匹肯德兹（Pickands）的研究表明，当某个给定的阈值 u 充分大时，未知分布的条件超额分布大多都可以由广义帕累托分布近似表示，具体的数学表达式为：

$$\lim_{u \to x_F} \sup_{0 < y < x_F - u} \left| F_u(y) - G(y;\xi,\beta(u)) \right| = 0 \tag{2.10}$$

即：
$$F_u(y) \approx G(y;\xi,\beta(u)) = \begin{cases} 1 - \left(1 + \dfrac{\xi y}{\beta(u)}\right)^{-\frac{1}{\xi}}, \xi \neq 0 \\ 1 - \exp\left(-\dfrac{y}{\beta(u)}\right), \xi = 0 \end{cases} \tag{2.11}$$

其中：x_F 是分布函数 $F(x)$ 的右端点，$G(y;\xi,\beta(u))$ 为 GPD 分布。

有关这一结论的证明可以参见埃门布端斯等（Embrechts et al.，1997）的研究。

对于较高的阈值 u，记超过阈值 u 的个数为 N_u，则 $F(u)$ 可近似表示为：$\hat{F}(u) = \dfrac{n - N_u}{n}$。从而超过阈值 u 时的分布函数 $F(x)$ 可以计算如下：

$$F(x) = (1 - F(u)) \times G(y;\xi,\beta(u)) + F(u)$$

$$= (1 - F(u)) \times \begin{cases} 1 - \left(1 + \dfrac{\xi y}{\beta(u)}\right)^{-\frac{1}{\xi}} + F(u), \xi \neq 0 \\ 1 - \exp\left(-\dfrac{y}{\beta(u)}\right) + F(u), \xi = 0 \end{cases} \tag{2.12}$$

$$= \begin{cases} 1 - \dfrac{N_u}{n}\left(1 + \dfrac{\xi(x - u)}{\beta(u)}\right)^{-\frac{1}{\xi}}, \xi \neq 0 \\ 1 - \dfrac{N_u}{n}\exp\left(-\dfrac{y}{\beta(u)}\right), \xi = 0 \end{cases}$$

至此完成了模型的第一步——超阈值损失的分布拟合，接下来进行第二步——计算风险值。

由第 2.1 节的介绍可知，风险值在统计学上就是资产损失函数分布函数的高分位数，所以对某一置信水平 $0 < \alpha < 1$，根据定义 2.1.1，$VaR_\alpha = F^{-1}(\alpha)$，再根据式（2.12）中分布函数 $F(x)$ 的表达式，便可得出在置信水平 α 下的风险值：

$$VaR_\alpha = F^{-1}(\alpha) = u + \frac{\beta(u)}{\xi}\left(\left(\frac{n}{N_u}(1-q)\right)^{-\xi} - 1\right) \qquad (2.13)$$

最后，再根据样本观测值估计出参数 $\beta(\mu)$、ξ 的值，就可以预测出相应的风险值的值。

2. 阈值 u 的选取方法

在超阈值模型建模过程中，涉及一个充分大的阈值也常称为门限值 u。事实上，如何选取门限值 u 是建立超阈值模型需要解决的一个重要问题。因为门限值的选取将直接影响参数估计的准确性，也就是数据尾部分布拟合的准确度，进而关系到风险值预测的准确性和有效性。超阈值模型实际上就是用广义帕累托分布拟合超过门限值 u 的损失数据的分布函数。如果门限值 u 选取得过大，会造成超过阈值的样本量过少，从而参数估计的方差会增大；反之，如果门限值 u 选取得过小，又会造成超过门限值的样本量过多，虽然可以增加参数估计的精度，但此时模型的结论未必成立，即过多的超出量可能不再服从广义帕累托分布，另外超阈值的损失数据量的增加也会对样本的中心分布产生影响，这样极有可能会造成参数估计有偏。

目前有关如何选择门限值 u 还没有一个统一的标准，这也是学者的很感兴趣的一个问题。现在用来选择的方法主要分为定性法和定量法两种。定性法是指通过观察图形的线性的改变或图形稳定性的波动趋势来判断门限值，该方法使用广泛的有平均超出量函数图法（MEF 图法）和 Hill 图法。定量法常见的有变点理论方法和峰度法。下面简单介绍平均超出量函数图法和 Hill 图法这两种选择阈值的方法。

（1）平均超出量函数图法。设 X_1，X_2，$\cdots$，X_n 是独立同分布的随机变量，记它们分布函数为 $H(x)$。给定的一个充分大的阈值 u，对于 $X_i > u$，称

$X_i - u$ 为超出量。这样可以定义平均超出量函数 $e(u)$ 如下：

$$e(u) = E(X - u \mid X > u) = \int_u^{+\infty} \frac{x - u}{1 - H(u)} \mathrm{d}H(x)$$
$$= \frac{\beta(u)}{1 - \xi}\left(1 + \frac{\xi u}{\beta(u)}\right) = \frac{\beta(u) + \xi u}{1 - \xi} \tag{2.14}$$

易见，平均超出量函数 $e(u)$ 可以通过式（2.15）中的样本平均超出量函数来估计：

$$e(u) = E(X - u \mid X > u) = \frac{\sum_{i=1}^n (x_i - u)}{N_u} \tag{2.15}$$

在式（2.15）中，N_u 为超过某一阈值 u 的样本个数。首先需要作出平均超出量函数图即散点图 $(u, e(u))$，再通过平均超出量函数图来选取阈值 u。具体地，当式（2.15）中的样本平均超出量函数图在 $X > u$ 时，斜率为正时，表明超过阈值的样本数据服从形状参数为正的广义帕累托分布，也就是说样本数据是厚尾的；而当样本平均超出量函数图在 $X > u$ 时，斜率为负时，表明超阈值样本满足形状参数为负的广义帕累托分布，此时样本数据是薄尾的；若样本平均超出量函数图在 $X > u$ 时是水平的，表明超阈值样本数据服从指数分布，此时形状参数 $k = 0$。这样可以得出一个选取阈值的方法：挑出一个充分大的阈值 u，使得在 $X > u$ 时，样本平均超出量函数的图形可以近似看成斜率为正的直线图。

（2）Hill 图法。首先假设 $X_{(1)} < X_{(2)} < \cdots < X_{(n)}$ 为来自分布函数 $F(x)$ 的独立同分布次序统计量，定义尾部指数的 Hill 统计量为式（2.16）中 $H_{k,n}$，所谓的 Hill 图即是点 $(k, H_{k,n}^{-1})$ 的轨迹图。选取阈值的标准是先挑选 Hill 图形中尾指数的比较稳定区域，那个区域的起点的横坐标 K 所对应的数据 X_K 即可以选作阈值 u。

$$H_{k,n} = \frac{1}{k}\sum_{i=1}^k \left(\ln(X_{n-i+1}) - \ln(X_{n-k})\right), k = 1, 2, \cdots, n - 1 \tag{2.16}$$

而尾指数 α 可以由 $H_{k,n}$ 估计出来即 $\hat{\alpha} = H_{k,n}^{-1}$，从而根据 Hill 估计理论可以估计出总体分布函数 $F(x)$：

$$\hat{F}(x) = 1 - \frac{N_u}{n}\left(1 + \frac{x-u}{u}\right)^{-\hat{\alpha}} \tag{2.17}$$

其中：u 为选定的阈值，N_u 为超过阈值 u 的样本点的个数。

平均超出量函数图法和 Hill 图法这两种定性方法简单、直观，使用广泛。但由于它们是通过在图形中观察"正斜率的线性变化趋势"或"尾部指数的稳定区域"来确定阈值 u。这具有很强的主观性，不同的研究者可能会给出不同的阈值，往往会导致极值理论模型得出较大差异性的结论。为了克服这两种方法主观性过强的不足，有学者提出了另外的定量选取的阈值方法，应用比较多的有变点理论方法和峰度法。但这些定量方法也有其不足之处，如通过峰度法选出的阈值一般偏高，会造成一些数据损失，导致失去一些有效信息，从而会导致模型估计的效果不是很理想。

2.3.3　尾指数估计方法

超阈值模型采用了广义帕累托分布拟合分布一个分布函数的尾部。除此之外，还有一种非参方法——Hill 方法，也常用来为重尾分布函数的尾部建模。Hill 方法在极值理论中使用得也较多。Hill 方法是借助缓增函数来拟合重尾分布的尾部分布，以下简单介绍该方法，具体的建模和证明过程可参见麦克耐尔等（2005）的研究。

该方法使用的原理是：当极值指数 $\xi > 0$ 时，分布函数 $F(x) \in MDA(H_\xi)$ 时，分布函数的尾部可以表示为：$\bar{F}(x) = x^{-1/\xi} L(x)$，其中 $L(x)$ 是一个缓增函数。这样要想预测高分位数即风险值的值，只需要估计出极值指数 ξ 和缓增函数 $L(x)$ 的值即可。具体做法如下：令样本 X_1，X_2，$\cdots$，X_n 来自总体分布 $F(x)$，且独立同分布，对应的 $X_{(1)} < X_{(2)} < \cdots < X_{(n)}$ 是次序统计量，尾指数 Hill 统计量定义为：

$$H_{k,n} = \frac{1}{k} \sum_{i=1}^{k} \left(\ln(X_{n-i+1}) - \ln(X_{n-k}) \right), k = 1, 2, \cdots, n-1 \quad (2.18)$$

极值指数 ξ 的 Hill 估计为：$\hat{\xi} = H_{k,n}$。从而可以得到总体分布函数 $F(x)$ 的估计：

$$\hat{F}(x) = 1 - \frac{N_u}{n} \left(1 + \frac{x-u}{u} \right)^{-1/\hat{\xi}} \quad (2.19)$$

其中：u 为选定的阈值，N_u 为超过阈值 u 的样本点的个数。

在置信水平为 α 时，风险值为：$VaR = \frac{N_u}{n} \left(\frac{\alpha}{u} \right)^{-1/\hat{\xi}}$。

此方法的优点不需要拟合出分布函数的尾部具体形式，这样会减少由于假设不合理而导致的预测不准确，很多学者对此方法进行了各种改进，在第 2.5 小节有详细的介绍和应用。

2.4　超阈值模型及其对原油市场风险值的预测

2.4.1　问题的提出

利用极值统计理论中的超阈值模型虽然可以很好拟合分布函数的尾部，但是建模时要求原始序列是渐近独立的，而金融数据通常具有自相关性，这就需要对原始数据加以处理去掉相关性，使之成为渐近独立的序列。考虑到金融数据往往还具有尖峰厚尾、异方差性质等时间序列特点，需要对原始数据进行过滤，使之达到满足应用超阈值模型的条件。由于 GARCH 类模型不仅能够刻画数据的尖峰厚尾、非对称、异方差和波动集聚性等特点，而且经过核实的 GARCH 类模型过滤后获得的新息序列是几乎渐近独立。因此，可以对新息序列采用超阈值模型建模，估计出新息序列的风险值，再将结果返回到原始数据，预测出原始投资组合损失函数的风险值。

本节首先分别采用了传统的静态超阈值模型和方差－协方差法对美国西

德克萨斯原油市场的风险值进行预测，并比较两种方法得到的预测结果进行压力测试和比较。结果表明，在本节的实证分析中超阈值模型要比方差－协方差法更为准确。接着又构建了极值理论与 GARCH 类模型相结合的动态超阈值模型，预测了美国西德克萨斯原油市场的动态风险值，且预测结果很好地通过了压力测试，这也说明采用 GARCH 类模型过滤本节中的数据是有效的。

2.4.2　传统超阈值模型及实证分析

本节将超阈值模型应用到原油市场，估计美国西德克萨斯原油市场现货的风险值，并且通过回测检验，对超阈值模型估计出的结果与传统方差－协方差法估计出的结果进行比较，发现基于超阈值模型的预测结果要比传统的方差－协方差法更准确，尤其是在高置信水平下。

从第 2.3 节的介绍可以知道，超阈值模型简而言之就是用广义帕累托分布拟合超过某一阈值的所有样本的条件分布函数，具体结果如下，对于独立同分布随机变量序列 $\{X_1, X_2, \cdots, X_n\}$，记它们的概率分布函数为 $F(X)$，则对于一个充分大的阈值 u，当 $x > u$ 时有：

$$
\begin{aligned}
\overline{F}(x) &= P(X > x) \\
&= P(X > u) P(X > x \mid X > u) \\
&= \overline{F}(u) P(X - u > x - u \mid X > u) \\
&= \overline{F}(u) \overline{F}_u(x - u) \\
&= \overline{F}(u) \left(1 + \xi \frac{x - u}{\beta}\right)^{-\frac{1}{\xi}}
\end{aligned}
\tag{2.20}
$$

根据已知的 $F(u)$，等式（2.21）给出了 $\alpha \geqslant F(u)$ 时分布函数的高分位数的表达式，实际上也就是风险值的计算式（Frey et al.，2010）：

$$
VaR_\alpha = q_\alpha(F) = u + \frac{\beta}{\xi}\left(\left(\frac{1 - \alpha}{\overline{F}(u)}\right)^{-\xi} - 1\right)
\tag{2.21}
$$

本节采用最大似然估计法估计参数 ξ 和 β，用样本经验分布 $\dfrac{N_u}{n}$ 作为 $\bar{F}(u)$ 的估计值，这样就可以得到风险值的估计值表达式：

$$\widehat{VaR_\alpha} = u + \frac{\hat{\beta}}{\hat{\xi}}\left(\left(\frac{n(1-\alpha)}{N_u}\right)^{-\hat{\xi}} - 1\right) \tag{2.22}$$

本书在实证分析阶段将比较基于超阈值模型预测到的风险值和传统的方差 – 协方差法预测的风险值，根据杜菲和潘（Duffie & Pan，1997），方差 – 协方差下的风险值计算公式为：

$$VaR_\alpha = Z_\alpha \sigma_p \sqrt{\Delta t} \tag{2.23}$$

其中：Z_α，σ_p 和 Δt 分别表示标准正态化随机变量，投资组合的方差和持有期。

本节实证分析选用美国西德克萨斯原油市场现货的日对数收益率作为研究对象，样本采集期为 2000 年 1 月 4 日到 2014 年 10 月 30 日，一共有 3724 个日收益率数据。记 p_t 是 t 时刻收盘价格，由于我们度量的是风险值，它可以理解为资产损失函数的高分位数，故这里考虑损失函数的右尾，为了方便起见，这里取 100 倍负对数回报率序列作为样本序列，即 $r_t = -100 \times \log(p_t / p_{t-1})$，其中 $t = 1, 2, \cdots, T$。

首先，给出美国西德克萨斯原油市场负对数回报率数据的基本统计特征，表 2 – 1 给出了原始数据的一些基本统计量值。

表 2 – 1 　　　　　　　　　　　　　基本统计量

资产	均值	标准差	偏度	峰度	最大值	J – B 统计量
WTI 原油	-0.013292	1.052867	0.248570	5.047643	7.422868	3998.600

从表 2 – 1 中的峰度值大于 3 可以看出美国西德克萨斯原油市场的日收益率的分布是重尾的，而偏度统计量值也说明分布是有偏的，J – B 统计量的值也表明该序列不服从正态分布。

图2－1是美国西德克萨斯原油市场现货的日收益率回报率序列的时序图。图2－1很明显地表明 WTI 市场的日收益率序列存在极值现象和波动集聚性。

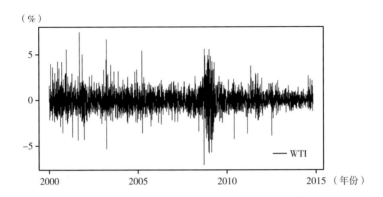

图2－1　美国西德克萨斯原油市场现货的日收益率回报率序列的时序

其次，估计基于传统超阈值模型的风险值。先选择合适的阈值 u，这里采用的是平均超出量函数图法确定阈值。从第2.3节中的内容可知，根据 MEF 图选择阈值的标准是：挑选一个充分大的阈值 u，使得当 $X > u$ 时，样本平均超出量函数 $e(u)$ 的图形近似为向上倾斜的直线。

从图2－2可以看出阈值可以选择为 $u = 1.7$，再使用极大似然法估计模型中广义帕累托分布的形状参数 ξ 和位置参数 β，具体的结果如表2－2所示。

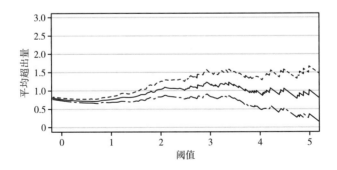

图2－2　美国西德克萨斯原油市场现货日收益率回报序列的 MEF

表 2 - 2 超阈值模型的参数估计值

参数	参数估计值
阈值	1.7
超阈值个数	167
超阈值的比例	4.48
GPD 分布的形状参数 ξ	0.205125
GPD 分布的尺度参数 β	0.723518

表 2 - 2 中的参数估计结果中广义帕累托分布（GPD）的形状参数 $\xi > 0$，表明美国西德克萨斯原油市场的收益率序列 $\{r_t\}$ 是厚尾的，这样采用超阈值模型来预测该资产的风险值是合适的。为了说明广义帕累托分布（GPD）拟合分布尾部的效果，图 2 - 3 给出了具体拟合效果图，其中，图 2 - 3（a）是超阈值模型超额阈值的累计密度函数图，图 2 - 3（b）是超额阈值尾部估计图，图 2 - 3（c）是超阈值的散点图，图 2 - 3（d）是广义帕累托分布 Q - Q 图。从图中可以看出超过阈值的样本点基本上都围绕着黑色的实线，这表明阈值选取合理，采用广义帕累托分布拟合分布函数尾部的效果理想。

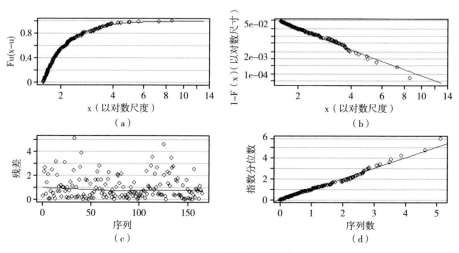

图 2 - 3　广义帕累托分布拟合效果诊断

有了以上的准备工作就可以来估计风险值了，这里分别计算了超阈值模型下和方差 - 协方差法下的风险值，计算公式分别见式（2.22）和式

（2.23），具体结果如表 2 – 3 所示。

表 2 – 3　　　　　　　　　静态风险值估计值

方法	$\alpha = 0.990$	$\alpha = 0.975$	$\alpha = 0.950$
POT 模型	2.971366	2.149145	1.622213
方差 – 协方差法	2.449335	2.063582	1.731812

最后，为了比较两种预测风险值方法的效果，本书对预测结果进行了回测检验。这里的回测检验是通过比较真实负收益率（即真实风险值）与预测出的风险值的大小来实现的。如果真实风险值超过估计的风险值，则称这次试验失效；反之，则认为试验是成功的。若模型是有效的，即风险值的估计是合理的。在 n 次试验中，置信水平为 α 时，实际风险值超过估计风险值的次数，即试验失效。次数服从二项分布 $B(n, 1 - \alpha)$。这里记实际风险值超过估计风险值的次数为 m，如果 m 的值很接近 $n(1 - \alpha)$ 值，则说明模型是有效的；反之，若 m 与 $n(1 - \alpha)$ 之间差距很大，则认为模型需要改进，m 过大意味着模型低估了风险，而 m 过小则意味模型高估了风险，都是不合适的。

构造检验统计量 $z = \dfrac{m - n(1 - \alpha)}{\sqrt{n\alpha(1 - \alpha)}}$，若模型有效，则统计量 z 的渐近分布是标准正态分布。具体的检验结果如表 2 – 4 所示。

表 2 – 4　　　美国西德克萨斯原油市场收益率风险值回测检验结果

置信水平	理论失效次数	超阈值模型失效次数	方差 – 协方差法失效次数	超阈值模型 z 值	方差 – 协方差法 z 值
$\alpha = 0.99$	38	38	69	0.125167	5.230679
$\alpha = 0.975$	94	89	99	– 0.430335	0.619263
$\alpha = 0.95$	187	183	153	– 0.240602	– 2.496241

从表 2 – 4 可以看出，超阈值模型在 $\alpha = 0.99$，0.975，0.95 单个置信水平下的风险值预测都通过了检验，也就是说在三个置信水平下模型都是有效的。而方差 – 协方差法则在高置信水平 $\alpha = 0.99$ 下的风险值预测未通过检验。也就意味着在高置信水平下，基于正态分布假设的方差 – 协方差法往往是失

效的。换言之，高置信水平下，超阈值模型比方差－协方差法更有效。

2.4.3 动态超阈值模型及实证分析

超阈值模型不仅可以用于估计金融产品的静态风险值，还可以结合 GARCH 类模型来建立预测风险值的动态超阈值模型。该模型比传统的超阈值模型能够更准确、更全面地考虑金融数据的尖峰厚尾、非对称、异方差和波动集聚性等特征。麦克耐尔和费瑞（McNeil & Frey，2000）建立了一个基于极值理论的预测动态风险值的模型。该方法分三步实现：首先，选择合适的 GARCH 类模型对原始金融数据进行过滤，若选择的 GARCH 类模型合适，则可以获得满足使用超阈值模型条件的新息序列；其次，对新息序列建立超阈值模型，从而得到基于新息序列的风险值的估计值；最后，将基于新息序列的风险值的估计值转化为原始数据的风险值的估计值。本节根据选用的样本数据具有的非对称、尖峰厚尾、异方差和波动集聚性的实际特征，采用 GJR-GARCH 模型过滤原始金融数据，记该动态超阈值模型为 GJR-GARCH-POT 模型。

1. 动态超阈值模型的建立

首先，简单介绍 GARCH 类模型，这里以 ARMA（1，1）-GJR-GARCH 为例进行说明。

$$r_t = u_t + \alpha_1 r_{t-1} + \varepsilon_t + \beta_1 \varepsilon_{t-1} \tag{2.24}$$

$$\sigma_t^2 = \omega + p\varepsilon_{t-1}^2 + q\sigma_{t-1}^2 + \lambda\varepsilon_{t-1}^2 I_{|r_t < 0|} \tag{2.25}$$

其中：$\{r_t\}$ 是资产的收益率序列，$u_t = E(r_t | \Omega_t)$，$\varepsilon_t | \Omega_t \rightarrow$ 均值为 0、方差为 σ_t^2 的偏 t 分布，而 Ω_t 是 t 时刻已知的信息集，$\{\varepsilon_t\}$ 是均值为 0、方差为 1 的独立同分布随机变量序列，很多文献中通常假定 $\{\varepsilon_t\}$ 服从正态分布、t 分布或偏 t 分布等。

等式（2.24）被称为 r_t 的均值方程，等式（2.25）则被称为 r_t 的波动率方程，等式（2.25）中的 $\lambda\varepsilon_{t-1}^2 I_{|r_t < 0|}$ 描述了在很多金融市场正的和负的"扰

动"对市场的影响是不同的这一特点。这也是 GJR-GARCH 模型与 GARCH 模型的不同之处。

此处，GJR-GARCH 用以消除原始收益率序列 $\{r_t\}$ 的自回归、非对称、条件方差集聚性等一些时间序列特征。若选用的模型是合理的，则经过 GJR-GARCH 模型过滤后的标准残差序列是几乎独立同分布。从而可以对过滤原始数据后获得的标准残差序列建立超阈值模型预测它的风险值，接着再将预测到的风险值返回到 GJR-GARCH 模型中，从而得到原始序列的风险值。

其次，根据第 2.4.2 节的内容和 GJR-GARCH 模型的数学表达式，可以得到原始序列的风险值的计算公式为：

$$\widehat{VaR}_\alpha = \hat{u}_{t+1} + \hat{\sigma}_{t+1} \widehat{VaR(Z_t)}_\alpha \qquad (2.26)$$

其中：序列 $\left\{ Z_t = \dfrac{r_t - u_t}{\sigma_t} \right\}$ 是 GJR-GARCH 模型的标准残差序列，$\widehat{VaR(Z_t)}_\alpha$ 由式 (2.22) 给出，$\hat{u}_{t+1}$ 和 $\hat{\sigma}_{t+1}$ 是 $t+1$ 时刻的条件均值和方差的预测值。

2. 实证分析

本节采用与第 2.4.2 节相同的数据进行实证分析。首先，通过 GJR-GARCH 模型处理原始负对数日收益率回报数据序列，采用 ARMA (1，1) 模型作为均值方程。选用极大似然法估计参数，表 2 - 5 给出了 GJR-GARCH 模型的各参数估计值。

表 2 - 5　　　　　　　　GJR-GARCH 模型的参数估计

参数	估计值	标准误	P - 值
u	- 0. 015000	0. 012971	0. 247489
α_1	- 0. 036692	0. 016518	0. 026324
ω	0. 004702	0. 001552	0. 002452
p	0. 041289	0. 004448	0. 000000
q	0. 952442	0. 003845	0. 000000
λ	- 0. 202634	0. 070535	0. 004068

从表 2-5 可以看出除了 u 之外所有参数都是显著的，度量正负收益率对序列影响是否对称的参数 λ 显著，模型估计出的 λ 显著不为零，说明存在杠杆效应，从而也表明本节采用 GJR-GARCH 模型比 GARCH 模型要更合适。

其次，再对 GJR-GARCH 模型的标准残差序列建立超阈值模型，表 2-6 给出原始数据序列和 GJR-GARCH 模型的标准残差序列的几个统计量值。平方残差的 Q 统计量（Ljung-Box Q 统计量）$Q(16)$ 和 $Q^2(16)$ 的值表明原始数据不是几乎独立同分布的，不能很好地满足 POT 模型的条件，但是标准残差序列近似独立同分布，可以使用 POT 模型。

表 2-6   美国西德克萨斯原油市场原始数据序列和标准残差序列的统计量值

序列	偏度	峰度	J-B 统计量	$Q(16)$	$Q^2(16)$
原始数据	0.248570	5.047643	3998.60 (0.000000)	49.6647 (0.000000)	536.045 (0.000000)
标准残差	0.342989	2.537795	1074.756 (0.000000)	10.0352 (0.864800)	21.8893 (0.146800)

注：括号中为 P-值。

图 2-4 是原始数据和标准残差的 ACF，从中可以看出标准残差近似独立同分布，满足构建超阈值模型的条件，也说明 GJR-GARCH 模型在这里确实有过滤数据的效果。

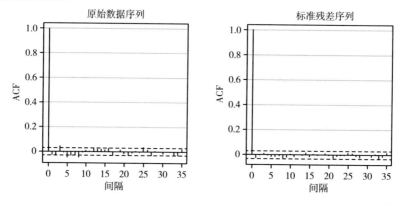

图 2-4   原始数据和标准残差序列的 ACF

　　为了描述原油现货的动态风险，这里在第 2.4.2 节的基础上，利用滚动时间窗方法，计算出金融时间序列动态风险值。具体算法如下：在 3724 个日收益率总样本中，使用时间窗宽为 2724 的滚动窗口，按照等式（2.26）预测得出 1000 个动态风险值。参照麦克耐尔和费瑞（2000）以及艾伦等（Allen et al.，2013）的研究，这里超阈值模型中阈值 u 的选取为标准残差序列的 10% 的高分位数。图 2 - 5 给出了在不同置信水平下，根据本节模型预测出来的动态风险值与真实收益率序列的对比图，直观上可以看出动态风险值会随着真实收益率的变化发生很快地改变，这可能由于 GJR-GARCH-POT 模型刻画出了原始数据序列自回归、非对称、条件方差集聚性、重尾等特征，这样预测出来的风险值比较可靠。

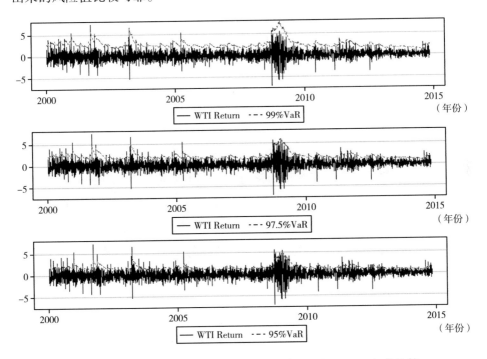

图 2 - 5　动态风险值（VaR）与原始收益率（WTI Return）的比较

　　最后，对预测结果进行检验。这里除了选用与第 2.4.2 节中相同检验统计量 z 来对预测出的动态风险值进行检验，还采用了使用非常广泛的库比克

（Kupies，1996）提出的 LR 检验法，检验的具体结果如表 2 - 7 所示。

表 2 - 7   动态风险值的回测检验结果

置信水平	预期失效次数	GJR-GARCH-EVT 模型中失效次数	LR 统计量	z 值
$\alpha = 0.99$	38	45	1.531458	1.278025
$\alpha = 0.975$	89	98	0.260101	0.514303
$\alpha = 0.95$	183	181	0.154231	- 0.390977

从表 2 - 7 可以看出，在三种置信水平下，实际失效次数和预期失效次数都很接近，而 LR 统计量的值也表明模型都很好地通过了检验，这也说明了这里建立的 GJR-GARCH-POT 模型预测动态风险值是非常精确的，模型有效。与传统的预测静态风险值相比，运用该方法预测出的是动态风险值。这样预测值可以随着市场的变化及时做出相应调整，从而能灵活预测出风险值，为投资者提供更精确的风险建议。

2.5   基于尾指数方法的外汇市场风险度量

极值理论是主要用来研究随机变量的极值分布及其特征的理论，对随机变量分布函数的重尾现象有突出的针对性。它不需要假设总体的分布，利用样本的数据推断出总体分布的尾部特征。将极值理论应用到风险管理可以弥补传统方法中风险值对极端事件关注的不足，有利于更精确地度量金融极端风险。极值理论可以对极端值进行建模，能很好地估计极端情况下发生风险的大小。但运用该方法时需要时间序列为独立同分布的假设，如果不满足这样的条件将会对模型的拟合、参数的估计和风险值的计算产生一定的影响。而且以上介绍的极值建模方法都没有考虑到实际金融数据的尖峰厚尾、有偏、异方差以及波动集聚性等特点，所以很有必要同时结合其他计量模型使用极值理论进行尾部风险度量。

本节主要使用基于尾指数方法预测风险值方法，对外汇市场中的各种货币对人民币的汇率变化引起的风险进行预测。考虑到外汇市场各外汇对我国人民币影响的大小不同，本节挑选了美元、港元、日元和欧元对人民币汇率为例进行风险预测，为外汇投资者规避风险提供一定的建议。

2.5.1　研究问题的背景

外汇市场是一个国家或地区经济市场的重要组成部分，外汇市场汇率的波动，会对从事外贸经营的公司和一些持有国外资产的金融机构产生重大的影响，从而对整个国家或地区的经济造成影响。因此研究外汇市场存在的风险尤其是极端风险是非常有意义的，可以为政府或机构规避由于外汇市场的不稳定而造成风险提供理论支持和实践论证。进行这方面研究的学者众多，成果非常丰富，如有学者的研究结果揭示了利用重尾分布对外汇市场的汇率波动率进行建模的优势；还有学者对新兴市场的金融风险进行分析和预测，如有研究者利用极值理论中 Hill 方法分析了土耳其汇率的波动性，从而预测土耳其是否会发生经济危机或危机是否已经开始，等等。

另外，恩吉尔（1982）构建的 ARCH 模型和伯尔斯而威（1986）构建的 GARCH 模型也被广泛地应用于针对外汇市场汇率波动的建模中。黑尔（2010）指出估计对于 GARCH 模型是稳健的，但瓦格纳和玛莎（Wagner & Marsh，2005）证明了 Hill 估计在样本容量比较小时效果不是很好。麦克思齐和思达瑞克（Mikosch & Starica，2000）给出了 GARCH（1，1）模型的尾指数应满足的条件，从而为计算 GARCH 类模型的尾指数提供了方法。艾格勒滋斯（Iglesias，2012）用一个替代 Hill 估计的新估计方法，对外汇市场的 7 种主要货币对美元的汇率进行研究，并指出对于英镑对美元的汇率日收益率序列而言，新的估计要比 Hill 估计更优。

由于国外的学者研究外汇市场时，大多选择美元为基准。考虑世界几个主要货币如欧元、英镑、日元、加拿大元等对美元的汇率波动情况，对我国涉外公司和金融机构规避汇率波动带来的风险，没有太多的直接指导意义。从而很有必要以人民币为基准，对主要几种货币的汇率进行研究，为我国政府和涉及外汇业务的机构更好地规避汇率风险提供相应理论依据。

　　国内学者对我国的外汇市场汇率波动的研究也是非常多的，也有不少学者利用传统的极值理论对我国外汇市场汇率波动率进行研究。但大多采用的是区组最大值方法、超阈值模型等传统的极值理论，如 GARCH 类模型，或者是假设残差服从广义帕累托分布的 EVT-GARCH 类模型等。极值理论也被广泛应用在我国很多经济领域，并为监管者或投资者提供建议。叶五一等（2012）使用尾部指数回归方法对沪深 300 指数进行了研究；苟红军等（2015）采用极值理论中的超阈值模型和 Copula 理论研究了外汇投资组合风险。

　　单纯的 GARCH 类模型没有考虑极端值的影响，从而导致这样的研究对极端事件可能导致的风险估计不足，常常会低估汇率波动带来的风险。一方面，这些常用的传统极值理论在研究时需要假设序列尾部是独立同分布的，鲜有将尾部相依性考虑进去，而事实上几种重要外汇对人民币汇率的数据尾部有一定的相依性；另一方面，传统极值理论能适用要求样本量较大，但由于本书采用的数据是以人民币为基准的汇率，合适的样本量远少于以美元为基准的样本量。从而纯粹采用传统极值理论对我国外汇市场的极端风险进行估计不一定合适，为了克服以上不足，本书结合艾格勒滋斯（2012）新的估计尾指数方法和黑尔（1975）估计尾指数方法，将极值理论和 GARCH 类模型相结合，分析了 2006 年 1 月 4 日至 2013 年 11 月 5 日期间，美元、港元、日元和欧元对人民币汇率的日对数收益率序列，并在不同的方法下分别预测了它们的风险值。结果表明，由 Hausman 类型的检验结果，对于日元而言，基于 Hill 方法得出的估计值应该更准确，即应用一种更加无偏的估计无疑对预测日元来说更加具有优势；而就美元、港元和欧元而言，使用 Hill 方法则更合适。

2.5.2　模型的建立及参数的估计

　　本节模型分为两部分：一部分是为了刻画外汇收益率序列的尖峰厚尾、有偏、异方差以及波动集聚性等统计特点而建立的 GARCH 类模型；另一部分则是为了刻画极端事件对外汇收益率市场风险的影响而建立的极值模型。本书为了避免假设分布的尾部的具体分布形式，采用了改进了的 Hill 方法。

伯尔斯而威（1986）在恩吉尔（1982）建立的 ARCH 模型基础上，提出了 GARCH 模型，由于 GARCH 模型可以很好地刻画出金融数据的条件异方差性，得到了极大的应用。进而有很多学者在其基础上又建立了很多其他的GARCH 类模型。GARCH（1，1）模型的一般结构如下：

$$r_t = \sigma_t \varepsilon_t$$
$$\sigma_t^2 = \omega + \alpha r_{t-1}^2 + \beta \sigma_{t-1}^2 \tag{2.27}$$

其中：$\{\varepsilon_t\}$ 是一个白噪声过程。

GARCH（1，1）模型没有考虑到市场有可能存在的非对称性。为了更好地刻画金融时间序列中存在的非对称性，吉尔斯通尔等（Glosten et al.，1993）在 GARCH 模型的基础上，构造了 GJR-GARCH 模型，很多实践表明这个模型是非常有用的，它的具体结构如下：

$$r_t = \sigma_t \varepsilon_t$$
$$\sigma_t^2 = \omega + \alpha r_{t-1}^2 + \delta r_{t-1}^2 1_{|r_{t-1} < 0|} + \beta \sigma_{t-1}^2 \tag{2.28}$$

该模型中的 $\delta r_{t-1}^2 1_{|r_{t-1} < 0|}$ 很好地刻画一些新兴的不成熟市场中正面和负面信息对市场产生的影响的不对称性，即负面信息（如收益率为负等）对市场的影响会更大些。

本书在第 2.3 节中已经介绍极值理论中应用比较广的是区组最大值方法和超阈值模型，但区组最大值方法要求样本容量很大，而且由于最终分析时只取分组后的每组中的最大值（或最小值），这样会造成数据的大量浪费，即没有充分分析已有的信息。本节中考虑到对每种货币采样的数据只有 1902 个，样本容量不够大，故没有采用区组最大值方法。匹肯德兹指出，在属于一般极值分布的吸引场内，分布函数超过一定阈值的尾部数据服从广义帕累托分布，从而产生了超阈值模型。利特贝特等（Leadbetter et al.，1983）给出在独立同分布的假设下，最大顺序统计量标准化渐近分布是极值分布的充分必要条件，也证明了序列在满足一定相依条件下，最大顺序统计量的标准化渐近分布仍是极值分布，为超阈值模型的广泛应用提供了理论依据。超阈值模型中阈值的选择有多种方法，如基于"平均剩余寿命图"法等，本书参照艾格勒滋斯（2012）的研究，选取自大到小的 0.1T（T 为样本容量）个数据为超阈值部分。

本书记极值模型中尾指数为参数 κ_1，而记由 Hill 方法估计得到的各种货币汇率收益率序列的尾指数为 $\hat{\kappa}_1$，$\hat{\kappa}_1$ 是 κ_1 的一个估计值，称为 Hill 估计值。事实上，Hill 方法没有利用到汇率收益序列的 GARCH 结构。

Hill 方法的具体估计值方法是首先写出收益率序列 $\{r_t\}$ 的顺序统计量：$r_{1,T} \geq r_{2,T} \geq \cdots \geq r_{T,T}$，其中 T 为样本容量，则由 Hill 方法给出的尾指数的估计值为：

$$\hat{\kappa}_1 = \left[\frac{1}{m} \sum_{j=1}^{m} (\log r_{j,T} - \log r_{m,T}) \right]^{-1} \tag{2.29}$$

其中：$m = m(T)$ 满足 $m \to \infty$ 且 $m/T \to 0$。

若序列 $\{r_t\}$ 是独立同分布的且由此给出的参数 $\kappa_1 > 0$，则估计值 $\hat{\kappa}_1$ 是稳定的、渐近正态的，即 $\hat{\kappa}_1$ 作为尾指数 κ_1 的一个估计满足：$\sqrt{m}(\kappa_1 - \hat{\kappa}_1) \xrightarrow{d} N(0, \phi)$，当 $m = m(T) \to \infty$ 时。

黑尔（2010）证明了在经典的 GARCH（1，1）模型下，上述 $\phi = \kappa^2$。

记思达瑞克和皮克特科（Starica & Pictet，1997）给出的替代 Hill 估计 $\hat{\kappa}_1$ 的新估计为 $\hat{\kappa}$。麦克思齐等（2000）给出了在 GARCH（1，1）结构下尾指数 κ_1 应满足的条件。拜克斯等（Berkes et al.，2003）证明了在 GARCH（1，1）结构下新估计 $\hat{\kappa}$ 的渐近正态性定理，艾格勒滋斯（2012）又将此估计 $\hat{\kappa}$ 的方法推广至由吉尔斯通尔等（Glosten et al.，1993）构造的 GJR-GARCH 模型。

下面介绍基于 GARCH 模型类的尾指数估计的新方法。

麦克思齐和思达瑞克（2000）分析了 GARCH（1，1）模型，他们得出在扰动 ε_t 弱相依的条件下，序列 $\{r_t\}$ 有规则变化的尾部，若记其尾指数为 κ，则 κ 满足方程：

$$E((\alpha \varepsilon_t^2 + \beta)^{\kappa/2}) = 1 \tag{2.30}$$

由尾指数 κ 所应满足的方程，通过模拟可以发现，当假定扰动项服从的分布尾部越重则 GARCH 模型的尾部也会更重，当在模型中减少 ARCH 效应

（即 α 减小）增加 GARCH 效应（即 β 增大）时模型的尾部会减轻。

麦克思齐和思达瑞克还具体给出了新估计的方法，他们证明存在一个正常数 c_0 和尾指数参数 κ，使得：

$$\Pr(\sigma_t > x) \sim c_0 x^{-\kappa}, \text{当 } x \rightarrow \infty \text{ 时} \tag{2.31}$$

$$\Pr(|r_t| > x) \sim E[|\varepsilon_t|^{\kappa}]\Pr(\sigma_t > x), \text{当 } x \rightarrow \infty \text{ 时} \tag{2.32}$$

为了估计尾指数参数 κ，首先给出 GARCH（1，1）模型中参数（ω，α，β）的一个估计如极大似然估计（$\hat{\omega}$，$\hat{\alpha}$，$\hat{\beta}$），残差 $\hat{\varepsilon}_t = r_t/\hat{\sigma}_t$，其中，$\hat{\sigma}_t^2 = \hat{\omega} + \hat{\alpha} r_{t-1}^2 + \hat{\beta} \sigma_{t-1}^2$，$t = 2, 3, \cdots, T$，记 $\hat{A}_t = \hat{\alpha}\hat{\varepsilon}_t^2 + \hat{\beta}$，则新估计方法下 κ 的估计值 $\hat{\kappa}$ 是方程：$\dfrac{1}{T}\displaystyle\sum_{t=1}^{T}\hat{A}_t^{\kappa/2} = 1$ 的解。

该估计被艾格勒滋斯（2012）推广到 GJR-GARCH 模型中，并利用渐近正态分布理论得到了 Hausman 检验：在经典 GARCH（1，1）模型下有式（2.33）成立。

$$\frac{\hat{\kappa} - \hat{\kappa}_1}{\hat{\kappa}_1/\sqrt{m}} \xrightarrow{d} N(0,1) \tag{2.33}$$

2.5.3　模型中风险值的计算公式

本节中利用由上述两种方法估计出的尾指数计算外汇市场的汇率收益的风险值。对于比较小的 α，风险值 VaR 满足等式 $\alpha = \Pr[y_t > VaR_\alpha] = c_0 VaR_\alpha^{-\kappa}$，从而风险值可以由下面公式给出 $VaR_\alpha = (c_0/\alpha)^{1/\kappa}$，下面给出 c_0 的估计值。

艾格勒滋斯（2012）指出上述 c_0 可以由式（2.34）给出估计：

$$\hat{c}_0 = \frac{1}{2T}\sum_{t=1}^{T}|\hat{\varepsilon}_t|^{\hat{\kappa}} \frac{\dfrac{1}{T}\displaystyle\sum_{t=1}^{T}\left[(\hat{\omega} + \hat{A}_t\hat{\sigma}_t^2)^{\hat{\kappa}/2} - (\hat{A}_t\hat{\sigma}_t^2)^{\hat{\kappa}/2}\right]}{\left[(\hat{\kappa}/2)\dfrac{1}{T}\displaystyle\sum_{t=1}^{T}\hat{A}_t^{\hat{\kappa}/2}\ln\hat{A}_t\right]} \tag{2.34}$$

从而 VaR_α 的估计值为：

$$\widehat{VaR}_\alpha = (\hat{c}_0/\alpha)^{1/\hat{\kappa}} \tag{2.35}$$

若采用传统的 Hill 方法，则对应的风险值的估计值为：

$$\hat{c}^{+} = \frac{1}{T} \sum_{i=1}^{m} X_{i,T}^{\hat{\kappa}_1} \tag{2.36}$$

$$\widehat{VaR}_{\alpha} = (\hat{c}^{+}/\alpha)^{1/\hat{\kappa}_1} \tag{2.37}$$

从以上建模过程可以看出：上述模型既能反应金融数据的异方差性、波动集聚性等一些背景特征，又降低了极值理论应用时的独立同分布的要求，对样本数据的容量要求也有所降低，增加了风险值估计的精度。

2.5.4 实证分析

本节使用的数据是外汇市场中的美元、港元、日元和欧元对人民币汇率的日收益率，取样时间为 2006 年 1 月 4 日至 2013 年 11 月 5 日。借鉴很多文献中的做法，本书考虑的收益率是对数收益率，即 $r_t = \log(p_t/p_{t-1})$，其中 $t = 1, 2, \cdots, T$。首先利用 ADF 检验对收益率序列进行了单位根检验，拒绝了有单位根的原假设，接受序列是平稳的。图 2-6 是 4 种货币对人民币汇率负对数日收益率时序图。

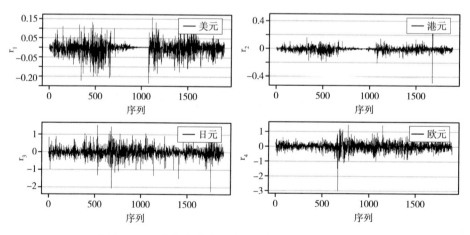

图 2-6　各种货币对人民币汇率负对数日收益率时序

从图 2-6 可以看出各种货币对人民币汇率收益率序列都具有尖峰厚尾、

波动集聚等一些时间序列特征。

表 2-8 给出了它们一些基本统计量，可以据此初步得出这 4 种货币对人民币汇率收益率序列都存在尖峰厚尾现象、条件异方差以及波动率集聚现象，从而我们选择采用 GARCH 类模型进行建模。

表 2-8　　　　**各种货币对人民币汇率对数日收益率数据统计特征**

统计量	美元	港元	日元	欧元
均值	-0.006227	-0.006221	-0.002531	-0.003562
标准差	0.036662	0.040439	0.300960	0.285451
最小值	-0.188055	-0.491256	1.494821	-3.009136
最大值	0.158003	0.465567	-2.236468	1.449256
偏度	-0.408924	-0.383722	-0.257138	-0.456192
峰度	2.520312	21.66932	4.745527	8.059949
J-B 统计量	558.520	37328.900	558.517	5226.510

在建立 GJR-GARCH 模型前，通过检验对数收益率序列的标准化后的残差序列 r_t/σ_t 及其平方的自相关图和偏相关图，发现标准化后的残差平方序列存在显著的自相关性，也就说明了序列存在高阶 ARCH 效应，考虑到序列具有尖峰厚尾、非对称、波动集聚性等特征，这里采用 GJR-GARCH（1，1）模型建模，该模型各参数的极大似然估计值如表 2-9 所示。

表 2-9　　　　　　**GJR—GARCH 模型各参数估计值**

参数	美元	港元	日元	欧元
ω	0.000013 (0.000549)	0.000000 (0.000000)	0.002528 (0.000601)	0.000269 (0.000131)
α	0.051666 (0.020200)	0.006850 (0.005333)	0.131078 (0.020649)	0.019596 (0.009678)
β	0.914082 (0.015201)	0.949768 (0.003651)	0.900356 (0.015111)	0.960970 (0.006894)
δ	0.045608 (0.019043)	0.084764 (0.010491)	-0.117954 (0.021470)	0.032968 (0.011106)

注：括号中为 P 值。

通过对上述模型的残差序列进行条件异方差的 ARCH 效应的 LM 检验和

观察残差平方的自相关和偏相关图，都可以发现利用 GJR-GARCH 模型消除了原残差序列的 ARCH 效应，极值模型可以使用。借鉴已有文献，选取超阈值的尾部样本个数为 $m = 0.1T$。首先，采用艾格勒滋斯（2012）的新方法估计了 4 种货币对人民币汇率收益率序列的尾指数 κ 的值。其次，利用 Hill 方法估计了 4 种货币对人民币汇率收益率序列的尾指数 κ 的值，结果由表 2 – 10 给出。最后，利用式（2.34），式（2.35），式（2.36）和式（2.37），在置信水平 $\alpha = 0.999$ 水平下，计算出了 4 种货币对人民币汇率日收益率的风险值。

表 2 – 10　　　　　　　尾指数及风险值的估计值（$\alpha = 0.999$）

参数	美元	港元	日元	欧元
尾指数（Hill 方法）	2.100000	2.110000	2.480000	2.380000
风险值（Hill 方法）	0.045000	0.054000	0.062000	0.060000
尾指数（新方法）	3.800000	—	2.200000	6.200000
风险值（新方法）	0.117800	—	0.029100	0.191102
Hausman 统计量	11.160	—	– 1.556	22.120

对于港元，新方法的估计值在统计意义上几乎为零，这是因为如果数据和模型不匹配，那么式（2.35）不一定有解。然而，对于日元，新方法估计的尾指数等于 2.20，通过观察 Hausman 统计量值，发现采用新方法估计日元对人民币汇率收益率序列的尾指数时，Huasman 统计量通过了检验，这样可以从理论上说明应用新方法对日元汇率的风险进行预测是可行的。而且通过与 Hill 方法估计得到的风险值进行比较发现使用新方法预测的风险值要小很多，从节约投资成本、提高资本利用效率的角度来看，应用这样一种无偏的估计无疑对于预测日元汇率市场来说更加具有优势。同样的道理，就美元和欧元而言，由 Hausman 类型的检验结果可知，使用 Hill 方法更合适。

综上所述，对于日元来说，本书更倾向于使用式（2.38）而不是式（2.40）来计算日元汇率风险值。那么，对于另外 3 种货币来说，式（2.40）是优于式（2.38）的。此外，表 2 – 10 也列出了 4 种货币汇率的风险值在两种不同方法下的估计值（取置信水平 $\alpha = 0.999$）。

2.5.5　结论

　　对于不同货币的汇率日收益率，从实证分析的结果可以看出，基于 Hill 方法估计尾指数方法得到的 4 种外汇汇率序列的尾指数差异不大。由 Hill 方法估计出来的风险值表明，4 种货币中日元存在的风险最大，而美元存在的风险最小，这样为投资者和投资机构在如何通过选择合适外汇投资组合降低市场风险时提供一定的建议。但使用艾格勒滋斯的新方法估计结果是日元的风险值最小，若根据该方法预测的风险值进行配置风险保证金，有利于提高投资机构的资金使用率，且该方法通过了 Hausman 类型的检验，故本书更倾向于使用新方法对日元汇率进行研究。对于日元而言，Hill 方法也许高估了它的风险值。通过对估计出风险值进行比较也可以看出，相对于 Hill 方法，对于美元、港元和欧元在新方法估计下得到的风险值更大些，过大地估计了潜在的极端风险。而对于日元，采用 Hill 方法对以人民币为基准的外汇汇率的风险进行估计时，会高估潜在的极端风险。综合以上可以看出，在进行市场风险管理时，采用一些不同的方法进行预测估计风险值，再通过对不同方法得到的预测值比较检验，最终选择一个合适的风险值配置风险保证金，从而达到在有效控制风险的前提下提高资本的利用效率，以提高投资者和投资机构的收益。

第 3 章　基于极值理论的 Copula 模型的构建及实证分析

3.1　基于极值理论的 Copula 模型的研究背景

对于投资者或投资机构来说，将所有资产投资于同一种产品上风险是巨大的。为了分散风险，投资者必须要考虑进行投资组合。这样就涉及如何选择合适的产品以及资本应该如何分配到各种产品，从而需要建立合适的多元统计模型对投资组合进行风险预测。由于投资组合中的各种产品彼此之间不可能是完全独立的关系，因此资产配置是需要考虑多个资产之间的相互关系。

马科维茨于 1952 年首次提出了投资组合理论。其以均值和方差作为评价标准来确定投资组合，具体来说，就是当均值确定时应该选择方差最小的投资组合，而当方差确定时选择均值最大的投资组合（这里的方差其实就是一种风险度量的形式）。然而，该理论存在着一些不足：多元正态分布是个很好的工具，常被用来刻画金融资产间的相关结构，但它仅仅考虑了联合分布为正态的那一类情形，无法刻画其他分布，更不能刻画边缘分布各不相同的情况。事实上，金融市场中损失函数的分布函数大多是非正态的，常具有尖峰厚尾、非对称性、波动集聚性等一些特征，且各种资产之间也不一定是线性关系，以皮尔森（Pearson）的线性相关系数来描述资产间的相关性，不能适应越来越复杂的金融资产或者金融市场间的相关性描述。因此，在现代投资组合风险管理中，仅仅使用皮尔森线性相关系数是远远不够的。

Copula 模型是用来确定随机向量的联合分布和多个随机变量间相依结构

的一种统计方法。斯卡洛于 1959 年提出 Sklar 定理，为 Copula 函数与各边际分布函数以及联合分布之间建立了联系。在 Sklar 定理基础上，很多学者发展和完善了 Copula 理论，先后有学者提出和完善了 Gumble Copula、Clayton Copula、复合法构造 Copula 函数等。在这些学者的卓越工作下，Archimedean Copula 函数簇基本确定，也得出了 Archimedean Copula 函数的一些性质。学者们还研究了多变量下 Copula 模型设定和相依结构的度量，推进了多元 Copula 理论，并把该理论引入金融领域。

　　早期 Copula 理论的应用仅限于无条件分布，即仅研究 Copula 函数的参数不变的情形，没有考虑参数变化的情形。在提出参数随时间变化的条件 Copula 之后，条件 Copula 理论开始被应用于金融领域。考虑到单一的 Copula 函数往往很难非常精确地刻画变量间的关系，也有很多学者致力于通过对不同的 Copula 函数进行混合的方法来提高拟合的精度，从而提高预测风险的能力。

3.2　Copula 模型相关理论介绍

　　Copula 理论是由斯卡洛在 1959 年最早提出。所谓 Copula 函数，实际上是一个连接函数，斯卡洛（1959）指出随机变量的联合分布函数可以分解为单个随机变量的边缘分布以及一个 Copula 函数的乘积，从而实现降维。以一个二元分布函数为例，设二元分布函数 $F(x,y)$ 是随机变量 X，Y 的联合分布函数，相对应的边缘分布函数分别为 $F(x)$ 和 $F(y)$，则二元联合分布函数 $F(x,y)$ 可以写成 $F(x,y) = C(F(x), F(y))$，其中 $C(\cdot, \cdot)$ 就是一个 Copula 函数。由于这个 Copula 函数包含了两个变量间所有的相关性信息，而两变量的边缘分布包含各自的分布特征，并且该分解方法没有对各变量的边缘分布作出要求，即两随机变量可以是同分布也可以不同分布。从而此分解方法比以往构造多变量联合分布方法要灵活很多，在各个领域应用非常广泛。

3.2.1　Copula 函数的定义和基本性质

1. Copula 函数的定义

定义 3.2.1　麦克耐尔等（1999）n 元 Copula 函数是指具有以下性质的函数 $C(u_1,\cdots,u_n)$：（1）函数 $C(u_1,\cdots,u_n)$ 的定义域是：$[0,1]^n$ 即 $[0,1] \times \cdots \times [0,1]$（$n$ 个 $[0,1]$）；（2）函数 $C(u_1,\cdots,u_n)$ 对每个 u_i 是递增的，其中 $i=1$，$\cdots$，n；（3）函数 $C(1,\cdots,1,u_i,1,\cdots,1)=u_i$，对于每个变量 $u_i \in [0,1]$ 都是成立的，其中 $i=1$，$\cdots$，n；（4）对于函数 $C(u_1,\cdots,u_n)$ 定义域内的任意的 $(a_1,\cdots,a_n)$ 和 $(b_1,\cdots,b_n)$，$a_i \leqslant b_i$，$i=1$，$\cdots$，n，有下面等式成立：

$$\sum_{i_1=1}^{2} \cdots \sum_{i_n=1}^{2} (-1)^{i_1+\cdots+i_n} C(u_{1i_1},\cdots,u_{ni_n}) \geqslant 0 \tag{3.1}$$

其中：$u_{j1}=a_j$，$u_{j2}=b_j$，$j=1$，$\cdots$，d。

而二元 Copula 函数作为多元 Copula 函数的一种特殊情形，可以定义如下：

定义 3.2.2　耐尔森（Nelsen，2006）若二元函数 $C(u,v)$ 满足以下条件：（1）二元函数 $C(u,v)$ 的定义域为：$[0,1] \times [0,1]$；（2）二元函数 $C(u,v)$ 有零基面且是二维递增的；（3）对二元函数 $C(u,v)$ 定义域内任意的 u，$v \in [0,1]$，满足：$C(u,1)=u$ 和 $C(1,v)=v$。则二元函数 $C(u,v)$ 称为二元 Copula 函数。

2. Copula 函数的基本性质

在介绍 Copula 函数的一些重要性质之前，需要先给出广义逆函数以及它的一些性质。

设函数 G 是一个分布函数，记 $G^{-1}=\inf\{x:G(x) \geqslant y\}$，称为函数 G 的广义逆函数，则有以下性质成立：（1）若随机变量 U 服从 $[0,1]$ 均匀分布，则 $P(G^{-1}(U) \leqslant x)=G(x)$；（2）若随机变量 Y 的分布函数为 G 且 G 连续，则 $G(Y)$ 服从 $[0,1]$ 均匀分布。

斯卡洛提出，一个多维随机变量的联合分布函数可以由它们各分量的边缘分布函数和一个 Copula 函数刻画出来。其中，边缘分布函数描绘各变量的分布特征，而 Copula 函数则用来刻画各变量间的相关性，即下面介绍的 Sklar 定理。

定理 3.2.1　斯洛克（1959）设 X 和 Y 均为随机变量，它们对应的边缘分布函数分别为 $F_1(x)$ 和 $F_2(y)$，其联合分布函数为 $F(x,y)$，则存在一个 Copula 函数 $C(\cdot,\cdot)$ 使得下式成立：

$$F(x,y) = C(F_1(x), F_2(y)) \tag{3.2}$$

如果边缘分布函数 $F_1(x)$ 和 $F_2(y)$ 连续，则 Copula 函数 $C(\cdot,\cdot)$ 是唯一确定的；反之，若 $F_1(x)$ 和 $F_2(y)$ 是一元分布函数，$C(\cdot,\cdot)$ 是相应的二元 Copula 函数，则由式（3.2）定义的二元函数 $F(x,y)$ 是二元随机变量 (X,Y) 的联合分布函数，且变量 X 和 Y 的边缘分布分别为 $F_1(x)$ 和 $F_2(y)$。

推论　设 $F(x,y)$ 是具有边缘分布为 $F_1(y)$ 和 $F_2(y)$ 的二元联合分布函数，$C(\cdot,\cdot)$ 为相应的 Coupla 函数，$F_1^{-1}(x)$ 和 $F_2^{-1}(y)$ 分别是函数 $F_1(x)$ 和 $F_2(y)$ 的广义逆函数，那么对于任意的 $(u,v) \in [0,1]^2$，均有下式成立：

$$C(u,v) = F(F_1^{-1}(u), F_2^{-1}(v)) \tag{3.3}$$

由上述定理 3.2.1 和推论，既可以通过边缘分布和相对应的 Copula 函数构造联合分布函数，也可以通过边缘分布函数的广义逆函数和联合分布函数求出相应的 Copula 函数。

Copula 函数还有一个重要的性质：设随机向量 $(x_1, x_2, \cdots, x_d)$ 的边缘分布连续，相应的 Copula 函数为 C，$T_1, T_2, \cdots, T_d$ 是严格增函数，那么 $(T_1(x_1), T_2(x_2), \cdots, T_d(x_d))$ 相应的 Copula 函数也是 C。

下面介绍二元分布函数的密度函数和相应的二元 Copula 函数的密度函数之间的关系。

定理 3.2.2　耐尔森（2006）设 $C(u,v)$ 为二元 Copula 函数，则对于任意的 $(u,v) \in [0,1]^2$，偏导数 $C_u(v) = \dfrac{\partial C(u,v)}{\partial u}$ 对几乎所有的 v 都存在，偏导数

$C_v(u) = \dfrac{\partial C(u,v)}{\partial v}$ 对几乎所有的 u 都存在，且满足：

$$0 \leqslant \frac{\partial C(u,v)}{\partial u} \leqslant 1 \qquad (3.4)$$

$$0 \leqslant \frac{\partial C(u,v)}{\partial v} \leqslant 1 \qquad (3.5)$$

进一步有，$C_v(u)$ 和 $C_u(v)$ 均服从 $[0, 1]$ 上均匀分布，且它们在 $[0, 1]$ 内几乎处处是非减的。

假设随机变量 X 和 Y 的边缘分布函数 $F_1(x)$ 和 $F_2(y)$ 可导，联合分布函数 $F(x,y)$ 和相应的 Copula 函数 $C(u,v)$ 二阶可导，记 Copula 函数 $C(u, v)$ 的密度函数为 $c(u,v) = \dfrac{\partial^2(u,v)}{\partial u \partial v}$，$f_1(x)$ 和 $f_2(y)$ 分别是分布函数 $F_1(x)$ 和 $F_2(y)$ 的密度函数，$f(x,y)$ 是联合分布函数 $F(x,y)$ 的密度函数，那么根据等式 (3.2)，则可以直接通过求二阶偏导得到联合分布函数的密度函数：

$$f(x,y) = \frac{\partial^2 F(x,y)}{\partial x \partial y} = \frac{\partial^2 C(F_1(x), F_2(y))}{\partial x \partial y}$$

$$= \frac{\partial^2 C(u,v)}{\partial u \partial v} \frac{\partial F_1(x)}{\partial x} \frac{\partial F_2(y)}{\partial y} = c(u,v)f_1(x)f_2(y) \qquad (3.6)$$

从以上内容可以知道，通过二元 Copula 函数构造联合分布函数时，仅需要两个边缘分布函数，对这两个边缘分布函数的具体形式没有任何限制。因此在构造联合分布函数时具有极大的灵活性，便于广泛的应用。即 Sklar 定理提供了一种在不研究边缘分布的情况下分析变量间相关性的方法，同时也很容易求取联合分布函数。

3. 条件 Copula 函数定义

上面介绍的 Copula 函数是无条件 Copula 函数，但大多数金融数据都具有条件异方差性，这就需要考虑条件变量下的联合分布函数，很有必要将 Copula 理论推广到条件 Copula 的情形。派屯（Patten）将 Copula 函数推广到条件

Copula 函数，以下内容参考派屯（2001）。

设 $F_{X|W}(\cdot|w)$ 和 $F_{Y|W}(\cdot|w)$ 分别为 $X|W=w$ 和 $Y|W=w$ 的条件边缘分布函数，$F_{X,Y|W}(\cdot,\cdot|w)$ 为 $X,Y|W=w$ 的条件联合分布函数。假设对所有 $w\in W$，$F_{X|W}(\cdot|w)$ 和 $F_{Y|W}(\cdot|w)$ 都是连续的，则存在唯一的条件 Copula 函数 $C(\cdot,\cdot|w)$ 使下式成立：

$$F_{X,Y|W}(\cdot,\cdot|w)=C(F_{X|W}(\cdot|w),F_{Y|W}(\cdot|w)) \qquad (3.7)$$

反之，若假定 $F_{X|W}(\cdot|w)$ 和 $F_{Y|W}(\cdot|w)$ 分别为 $X|W=w$ 和 $Y|W=w$ 的条件边缘分布函数，且 $C(\cdot,\cdot|w)$ 为二元条件 Copula 函数，则由公式（3.7）定义的 $F_{X,Y|W}(\cdot,\cdot|w)$ 是一个二元联合分布函数，并且其边缘分布函数分别为 $F_{X|W}(\cdot|w)$ 和 $F_{Y|W}(\cdot|w)$。

与无条件 Copula 函数类似，同样可以得到条件 Copula 密度函数，若 $F_{X|W}(\cdot|w)$ 和 $F_{Y|W}(\cdot|w)$ 是可微的，$F_{X,Y|W}(\cdot,\cdot|w)$ 和 $C(\cdot,\cdot|w)$ 是二阶可微的，对等式（3.7）两边同时求导便可得：

$$\frac{\partial^2 F_{X,Y|W}(\cdot,\cdot|w)}{\partial x\partial y}=\frac{C(F_{X|W}(\cdot|w),F_{Y|W}(\cdot|w))}{\partial x\partial y} \qquad (3.8)$$

$$f_{X,Y|W}(\cdot,\cdot|w)=\frac{C(F_{X|W}(\cdot|w),F_{Y|W}(\cdot|w))}{\partial F_{X|W}(\cdot|w)\partial F_{Y|W}(\cdot|w)}\frac{\partial F_{X|W}(\cdot|w)\partial F_{Y|W}(\cdot|w)}{\partial x\partial y}$$

$$=c(F_{X|W}(\cdot|w),F_{Y|W}(\cdot|w))f_{X|W}(\cdot|w)f_{Y|W}(\cdot|w)$$

$$(3.9)$$

其中：$c(F_{X|W}(\cdot|w),F_{Y|W}(\cdot|w))$ 为条件 Copula 函数 $C(\cdot,\cdot|w)$ 的密度函数，$f_{X|W}(\cdot|w),f_{Y|W}(\cdot|w)$ 皆为条件边缘分布函数，$f_{X,Y|W}(\cdot,\cdot|w)$ 为条件联合密度函数。

3.2.2　Copula 函数的估计和最优 Copula 函数的选择

1. Copula 函数的估计

Copula 函数中参数的估计方法主要有参数估计法和非参数估计法两类方

法。参数估计法中又分为完全参数估计法和半参数估计法两种。下面就常用
的几种估计 Copula 函数的方法进行简单介绍。

（1）完全参数估计法。Copula 函数的完全参数估计法一般有两种：极大
似然法（MLE）和矩估计法。其中，极大似然法是最常见的 Copula 函数的参
数估计法。在这里极大似然法也有两种：一种是同时估计出所有的参数值的
一步极大似然法；另一种则是分两步采用两阶段极大似然法来估计出 Copula
函数中的各参数的值。两步极大似然法即边缘函数推断法，先利用极大似然
法估计边缘分布模型的参数，然后利用估计得到出的边缘分布模拟样本数据，
再利用样本数据去估计 Copula 函数的参数。

下面，首先介绍同时估计所有参数的一步极大似然法。

假设随机向量 $X = \{x_1, x_2, \cdots, x_n\}$ 的联合分布函数和联合分布函数的密
度函数分别为 $F(x_1, x_2, \cdots, x_n)$ 和 $f(x_1, x_2, \cdots, x_n)$，对应的 Copula 函数为 C
$(u_1, u_2, \cdots, u_n)$，Copula 函数的密度函数为 $c(u_1, u_2, \cdots, u_n)$，各分量的边缘
分布函数和边缘分布的密度函数分别为 $F_i(x)$ 和 $f_i(x)$，$i = 1$，2，$\cdots$，n，
则有：

$$F(x_1, x_2, \cdots, x_n) = c(F_1(x_1), F_2(x_2), \cdots, F_n(x_n)) \prod_{i=1}^{n} f_i(x_i)$$

$$= c(u_1, u_2, \cdots, u_n) \prod_{i=1}^{n} f_i(x_i) \tag{3.10}$$

其中：$u_i = F_i(x)$，$i = 1$，2，$\cdots$，n；且有 $c(u_1, u_2, \cdots, u_n) = \dfrac{\partial C(u_1, u_2, \cdots, u_n)}{\partial u_1 \partial u_2 \cdots \partial u_n}$。

设随机向量 X 的 T 个样本值为 $(x_{1t}, x_{2t}, \cdots, x_{nt})$，$t = 1$，$2$，$\cdots$，$T$，那
么对数似然函数为：

$$\ln L(x_1, x_2, \cdots, x_n; \theta) = \sum_{t=1}^{T} \left(\sum_{i=1}^{n} \ln f_i(x_{it}, \theta_i) + \ln c(F_1(x_{1t}; \theta_1), \right.$$
$$\left. F_2(x_{2t}; \theta_2), \cdots, F_n(x_{nt}; \theta_n); \alpha) \right) \tag{3.11}$$

其中：$\theta = (\theta_1, \theta_2, \cdots, \theta_n; \alpha)$ 是所有边缘分布函数和 Copula 函数的全部待估参

数集，θ_i 是变量 x_i 边缘分布函数 $F_i(x_i)$ 的参数，而 α 是 Copula 函数 $C(u_1, u_2, \cdots, u_n)$ 的参数。

只要给定一个 Copula 函数和一组边缘分布函数，就可以通过最大化式（3.11）的方法，得出 θ 的估计值。该估计值就是极大似然估计值。

从以上讨论可以看出，一步极大似然法需要同时估计出边缘分布函数和 Copula 函数的参数，但同时估计过多参数计算比较复杂，尤其是对于多元 Copula 函数。两阶段估计法（IFM）是根据对数似然函数式（3.11）由两个正项构成提出的，它采用分两阶段的方式来进行参数估计。很多研究结果表明采用一步极大似然法和两阶段极大似然法得出的参数估计值差异不显著，一般文献都是采用两阶段极大似然法来估计 Copula 模型的参数。本书也是采用两步极大似然法进行估计。

两阶段极大似然法将 Copula 模型的参数估计分成两步实现：

第一步，采用极大似然法估计单变量 x_i 的边缘分布函数的参数 θ_i（$i = 1, 2, \cdots, n$）：

$$\hat{\theta}_i = \mathrm{argmax} \sum_{t=1}^{T} \ln f_i(x_{it}, \theta_i) \tag{3.12}$$

第二步，将估计值 $\hat{\theta}_i$（$i = 1, 2, \cdots, n$）作为已知值代入 Copula 函数中，再采用极大似然法估计 Copula 函数的参数 α：

$$\hat{\alpha} = \mathrm{argmax} \sum_{t=1}^{T} \ln c(F_1(x_{1t}, \hat{\theta}_1), F_2(x_{2t}, \hat{\theta}_2), \cdots, F_n(x_{nt}, \hat{\theta}_n); \alpha) \tag{3.13}$$

（2）半参数估计法。这里半参数估计法主要指伪极大似然法（PML）。与完全参数估计法不同，半参数估计法实际上是样本的经验分布（或者边缘分布的其他类型的非参数估计）的极大似然估计。这样它就不需要事先对随机变量的边缘分布具体形式做出假设，首先是采用经验分布将样本数据 $\{x_1, x_2, \cdots, x_n\}$ 转化为 $[0, 1]$ 区间上的均匀变量 $\{u_1, u_2, \cdots, u_n\}$，再将 $\{u_1, u_2, \cdots, u_n\}$ 作为估计 Copula 函数参数值的样本，最后再采用极大似然法估计出 Copula 函数的参数。该方法由于没有事先假定随机变量的边缘分布，可以减少因假设边缘分布所带来的估计误差。以二元 Copula 函数为例，伪极大似然法的具体操作如下：

记随机变量 X 和 Y 的样本数据分别为 $\{x_1, x_2, \cdots, x_n\}$ 和 $\{y_1, y_2, \cdots, y_n\}$，随机变量 X 的边缘分布函数为 $F_1(x)$，随机变量 Y 的边缘分布函数为 $F_2(y)$，它们间的 Copula 结构为 $C(u, v)$。

第一步，利用经验分布函数估计 X 和 Y 的边缘分布，即：

$$F_1(x_i) = \frac{n}{n+1} \sum_{j=1}^{n} 1_{\{x_j \leqslant x_i\}}, i = 1, 2, \cdots, n \qquad (3.14)$$

$$F_2(y_i) = \frac{n}{n+1} \sum_{j=1}^{n} 1_{\{y_j \leqslant y_i\}}, i = 1, 2, \cdots, n \qquad (3.15)$$

第二步，令 $u_i = F_1(x_i)$，$v_i = F_2(y_i)$，$i = 1, 2, \cdots, n$

第三步，将 $\{u_1, u_2, \cdots, u_n\}$ 和 $\{v_1, v_2, \cdots, v_n\}$ 作为估计 Copula 函数的样本，通过极大似然法估计参数值，即：

$$\hat{\alpha} = \text{argmax}_\alpha \sum_{i=1}^{n} \ln c(u_i, v_i; \alpha) \qquad (3.16)$$

其中：$c(u, v)$ 为 Copula 函数 $C(u, v)$ 的密度函数。

也有不少文献采用核密度估计法估计边缘分布，再将估计出的边缘分布作为已知分布，采用极大似然法估计 Copula 函数的参数值。这也是一种半参数估计方法。无论是采用经验分布作为边缘分布的估计还是使用核密度估计方法来估计边缘分布，但如果样本序列具有重尾特点，它们都难以准确刻画出分布的尾部，从而造成低估边缘分布的尾部。从第 2 章的介绍可以知道，低估分布的尾部往往会导致低估风险值，这对于风险管理来说是很不利的。因此，由于金融数据往往具有重尾的特点，有很多文献尝试着将边缘分布的非参估计和极值理论结合起来。这样既可以避免假定边缘分布带来的误差，又能够兼顾金融数据的重尾特点。

（3）非参数估计法。在 Copula 模型中，常见的非参数估计法有经验 Copula 估计法、核密度估计法等，这里主要介绍经验 Copula 估计法。

　　经验 Copula 估计法实际上基于经验分布估计 Copula 参数的非参数方法，该方法由戴厚乌尔滋（Deheuvels）首次提出。设 X_{it} 为连续随机变量，其边缘分布函数为 F_i，$i = 1$，2，$\cdots$，n，记样本的顺序统计量为 $x_1^{(t)} < x_2^{(t)} < \cdots < x_n^{(t)}$，而 $r_1^{(t)}, r_2^{(t)}, \cdots, r_n^{(t)}$ 为秩统计量，那么 $x_n^{(r_k^{(t)})} = x_{nt}$，$t = 1$，$2$，$\cdots$，$T$，定义经验 Copula 函数如下：

$$\hat{C}\left(\frac{t_1}{T}, \frac{t_2}{T}, \cdots, \frac{t_n}{T}\right) = \frac{1}{T}\sum_{t=1}^{T}\prod_{i=1}^{n} 1_{\left|r_i^t \leqslant t_i\right|} \tag{3.17}$$

其中：$1_{|\cdot|}$ 为示性函数。

　　戴厚乌尔滋证明了按照式（3.17）所估计出来的经验 Copula 函数非连续，与一般的多元分布函数的经验分布函数类似，它的密度函数无法求出，也无法利用图形验证法来对经验 Copula 函数和真实 Copula 函数进行比较。

　　另外一种在 Copula 模型中使用广泛的非参数估计方法是核估计，它最早是由思凯乐特（Scaillet，2004）将核估计方法应用到 Copula 模型中的。非参数核估计方法可以用于 Copula 模型中的边缘分布的估计，也可以用来构造和估计变量间 Copula 函数。非参数核估计方法不需要对变量间的 Copula 结构做任何鉴定，可以直接估计出任意一处 Copula 函数值，进一步可以根据 Copula 函数的估计值推算出 Copula 函数的相关性测度值，所以该方法也被很多学者用来估计 Copula 模型参数。有关它的具体计算步骤可以参见韦艳华和张世英（2008），这里不做具体介绍。

2. 最优 Copula 函数的选择

　　最优 Copula 函数的选择方法主要考虑边缘分布模型和刻画变量间相关结构的 Copula 函数的选择。如何从待选的 Copula 函数集中选出最能准确刻画相关结构的 Copula 函数，需要同时对边缘分布函数和 Copula 函数进行检验和拟合度评价，选择的准则一般分为图形法和解析法。解析法里常见的有 Q–Q 图法、K–S 检验法、AD 检验法、最小距离法和最小信息量准则法（AIC）等。

　　（1）Q–Q 图法。"Q–Q 图"法也就是"分位数–分位数图"法，它可以简单直观地描述出给定的分布于实际分布间的拟合情况。下面简单介绍该检验方法的具体步骤。

第一步，用"Q-Q图"法检验指定的边缘分布模型与变量实际分布间的拟合度。边缘分布的拟合度检验原理是：若随机变量 X 的分布函数为 $F(x)$，且 $F(x)$ 连续，记变量 $u=F(x)$，则变量 u 服从 [0，1] 区间上的均匀分布。对于边缘分布模型的检验，首先对原始序列做概率积分变换，然后再检验变换后得到的序列是否服从 [0，1] 区间上独立同分布的均匀分布。若变量经过概率积分变换后得到的新序列是独立同分布的，则表明边缘分布模型正确地刻画了变量的动态；若新序列还服从 [0，1] 区间上均匀分布，则表明边缘分布模型中的边缘分布假设正确。先检验独立性，一般就是对新序列进行自相关性检验，若不存在自相关性即可认为新序列满足独立性；再检验新序列是否服从 [0，1] 区间上均匀分布，这里采用"Q-Q图"法来检验，也就是比较新序列的分布与标准正态分布的 Q-Q 图。

第二步，再检验选定的 Copula 函数是可以准确地刻画出变量间的相关结构，也就是评价 Copula 函数的拟合度。设随机变量 X 和 Y 的分布函数为 $F(x)$ 和 $G(y)$，相应的 Copula 函数为 $C(u,v)$，在条件 $X=x$ 下，变量 Y 的条件分布函数为：

$$H(Y \leqslant y \mid X=x) = C_u(v) \tag{3.18}$$

其中：$C_u(v) = \dfrac{\partial C(u,v)}{\partial u}$ 服从 [0，1] 均匀分布，$u=F(x)$，$v=G(y)$。

这样就可以通过检验 $C_u(v)$ 和 $C_v(u)$ 是否服从 [0，1] 分布来检验制定的 Copula 函数是否可以准确刻画出样本间的相关结构，而 $C_u(v)$ 和 $C_v(u)$ 的检验问题本质上就是一元分布函数的检验，同上文中边缘分布模型相同，直接采用"Q-Q图"法进行检验就可以。

"Q-Q图"检验法虽然简单直观，易于操作，但它只能用于二元 Copula 模型的检验，且缺少量化标准，主观性较强，所以经常需要和其他检验方法相结合进行模型的检验，以提高检验的准确度。

（2）K–S 检验法和 AD 检验法。K–S 检验法是一种非常重要的非参数检验法。它常用于小样本数据的检验，通过描述观测值与给定分布函数值之间的偏差来进行模型检验。K–S 检验法的检验统计量是 $T_{KS} = |\hat{F}(x_t) - F(x_t)|$，表示累计经验分布与给定分布函数之间的最大距离，当然这个距离越小，模型的拟合度就越高，也就是模型就越准确。换言之，根据统计量 T_{KS} 的值能够得出的相应 P 值，P 值越大的模型也就越准确。

用 K–S 检验法检验 Copula 模型时，与"Q–Q 图"法检验 Copula 模型的步骤相类似。首先对原序列进行概率积分变化得到新序列，用 K–S 检验法检验新序列是否服从 [0，1] 上均匀分布，从而判断边缘分布模型是否合适。接着在对 Copula 结构模型进行检验，即通过 K–S 检验法检验 Copula 函数的条件分布函数是否服从 [0，1] 上的均匀分布。

AD 检验法实际上是 K–S 检验法的补充和修正，它的检验统计量为：

$T_{AD} = \max \dfrac{|\hat{F}(x_t) - F(x_t)|}{\sqrt{F(x_t)[1 - F(x_t)]}}$，和 T_{KS} 相比，它增加了尾部偏差的权重，与 K–S 检验法的检验准则相同，检验统计量 T_{AD} 的值越小，模型的拟合度越高。AD 检验法用来检验 Copula 模型时，它的具体步骤与 K–S 检验法相同，只不过换了一个统计检验量。

（3）最小距离法。最小距离法就是从待选 Copula 集中挑选出分布函数理论值 C_n 与经验 Copula 的估计值 $\hat{C}$ 间距离最小的那个 Copula 函数。检验统计量为：

$$d = \left\{ \sum_{i=1}^{T} \sum_{j=1}^{T} \left[C_n\left(\frac{i}{n}, \frac{j}{n}\right) - \hat{C}\left(\frac{i}{n}, \frac{j}{n}\right) \right]^2 \right\}^{\frac{1}{2}} \tag{3.19}$$

其中：n 为 Copula 函数的维数，T 为样本的个数，当然距离法的检验准则就是统计量 d 的值越小越好。

（4）最小信息量准则法。最小信息量准则法（AIC）又称为 Akaike 信息准则法，它适用于极大似然法的检验，统计量检验量定义如下：

$$AIC = -2\ln f(x_i; \hat{\theta}_m) + 2m \tag{3.20}$$

其中：$\ln f\,(x_i\,;\,\hat{\theta}_m)$ 是对数似然函数，$\hat{\theta}_m$ 是极大似然法得出的参数估计值，m 是独立参数的个数。

统计量 AIC 的值反映了模型和模型参数估计对数据的适应性，它的检验准则是 AIC 值越小，模型的拟合度越高。最小信息量准则法比较客观，检验效果也比较准确，常用于 Copula 模型的选择中，但其也有不足之处就是收敛性较差。

3.3　常见的 Copula 函数

3.3.1　基本 Copula 函数

基本 Copula 函数主要是指独立 Copula 函数、同单调 Copula 函数和反单调 Copula 函数。

1. 独立 Copula 函数
独立 Copula 函数表达式记作：

$$\prod (u_1, u_2, \cdots, u_n) = \prod_{i=1}^{n} u_i \tag{3.21}$$

从独立 Copula 函数表达式可以看出，具有连续分布函数的随机变量独立，等价于它们间相应的 Copula 函数是独立 Copula。

另外两个基本 Copula 函数是由 Copula 函数的 Fréchet 上界和下界演变而来，所以在这之前需要介绍 Copula 函数的 Fréchet 上界和下界。

性质 3.3.1（Fréchet 界）对每个 Copula 函数 $C(u_1, u_2, \cdots, u_n)$ 都有不等式（3.22）成立：

$$\max\left\{\sum_{i=1}^{d} u_i + 1 - n, 0\right\} \leqslant C(u_1, u_2, \cdots, u_n) \leqslant \min\{u_1, u_2, \cdots, u_n\}$$

$$\tag{3.22}$$

Copula 函数的上、下界分别被称为 Fréchet 上界和 Fréchet 下界。其中，Fréchet 上界是一种极值 Copula；而 Fréchet 下界只有在二元时才是 Copula 函数，当维数超过 2 时，Fréchet 下界就不是 Copula 函数了。

2. 同单调 Copula 函数

在不等式（3.22）中，称 Fréchet 上界为同单调 Copula 函数，记作：

$$M(u_1, u_2, \cdots, u_n) = \min\{u_1, u_2, \cdots, u_n\} \tag{3.23}$$

同单调 Copula 函数刻画的是完全正相关的随机变量间的 Copula 结构，即设随机向量（x_1，x_2，$\cdots$，x_n）间的 Copula 函数是同单调的，则存在几乎严格递增的函数 T_i，$i = 1$，2，$\cdots$，n，使：$x_i = T_i(x_1)$。

3. 反单调 Copula 函数

在不等式（3.22）中，若 $n = 2$，则 Fréchet 下界也是一个 Copula 函数，被称为反单调 Copula，记作：

$$W(u_1, u_2) = \max(u_1 + u_2 - 1, 0) \tag{3.24}$$

事实上，反单调 Copula 刻画的是两个完全负相关的随机变量间的相依结构，即 $W(u_1, u_2)$ 是随机变量（U，$1 - U$）的联合分布函数，其中 U 服从 $[0, 1]$ 上的均匀分布。

基本 Copula 函数刻画的变量间的相依结构是最特殊的三种情况。虽然在实际数据中极少会遇到这种极端特殊情况，但也有一些文献通过采用这三种基本 Copula 函数来构建混合 Copula 函数，从而来刻画实际数据间的相依结构，有关这一方面的内容在后面混合 Copula 建模中会有所介绍。

3.3.2　正态 Copula 函数和 t-Copula 函数

1. 正态 Copula 函数

正态 Copula 函数又称作 Gauss Copula 函数，二元正态 Copula 函数的分布函数和密度函数的表达式为：

$$C_\rho(u,v) = \int_{-\infty}^{\phi^{-1}(u)} \int_{-\infty}^{\phi^{-1}(v)} \frac{1}{(2\pi(1-\rho^2))^{1/2}} \exp\left(\frac{-(s^2-2\rho st+t^2)}{2(1-\rho^2)}\right) ds dt$$

$$(3.25)$$

$$c_\rho(u,v) = \frac{1}{\sqrt{1-\rho^2}} \exp\left(-\frac{\Phi^{-1}(u)^2 + \Phi^{-1}(v)^2 - 2\rho\Phi^{-1}(u)\Phi^{-1}(v)}{2(1-\rho^2)}\right)$$

$$\exp\left(-\frac{\Phi^{-1}(u)^2\Phi^{-1}(v)^2}{2}\right)$$

$$(3.26)$$

其中：相关参数 $\rho \in (-1,1)$ 是相关系数，它反映了变量之间相关的程度；$\Phi^{-1}(\cdot)$ 指一元标准正态分布函数 $\Phi(\cdot)$ 的逆函数。

二元正态 Copula 函数的密度分布如图 3 - 1 所示，可以看出二元正态 Copula 函数具有对称性。用二元正态 Copula 函数刻画金融变量间的相关结构虽然简单方便，但由于它具有对称性，无法刻画出金融市场上变量间的非对称关系。而对金融市场来说，往往市场发生大涨和大跌时，各种金融变量间的相关结构是不一样的，从而限制了正态 Copula 函数的使用范围。

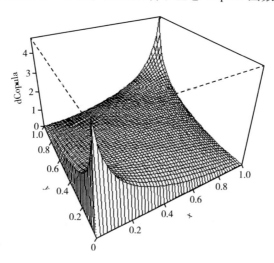

图 3 - 1 二元正态 Copula 函数密度分布

二元正态 Copula 函数的定义可以自然地推广到高维的情形。n 元正态 Copula 函数的分布函数和密度函数的表达式如下：

$$C(u_1,u_2,\cdots,u_n;\rho) = \Phi_\rho(\Phi^{-1}(u_1),\Phi^{-1}(u_2),\cdots,\Phi^{-1}(u_n)) \quad (3.27)$$

$$c(u_1,u_2,\cdots,u_n;\rho) = |\rho|^{-\frac{1}{2}}\exp\left[-\frac{1}{2}\zeta'(\rho-I)\zeta\right] \quad (3.28)$$

其中：ρ 是对角线上元素都是 1 的对称正定矩阵，$|\rho|$ 是 ρ 的行列式，Φ_ρ 是相关系数矩阵为 ρ 的标准 n 元正态分布函数，Φ 和 Φ^{-1} 分别是一元标准正态分布函数及其逆函数，$\zeta = \Phi^{-1}(u_1),\Phi^{-1}(u_2),\cdots,\Phi^{-1}(u_n))'$，$I$ 则是单位矩阵。

2. t-Copula 函数

二元 t-Copula 函数的分布函数和密度函数的表达式如下：

$$C_{\rho,v}(u,v) = \int_{-\infty}^{T_v^{-1}(u)}\int_{-\infty}^{T_v^{-1}(v)}\frac{1}{2\pi\sqrt{1-\rho^2}}\left(1+\frac{s^2+t^2-2\rho st}{v(1-\rho)^2}\right)^{-\frac{v+2}{2}}\mathrm{d}s\mathrm{d}t$$

$$(3.29)$$

$$c_{\rho,v}(u,v) = \rho^{-\frac{1}{2}}\frac{\Gamma\left(\frac{v+2}{2}\right)\Gamma\left(\frac{v}{2}\right)\left[1+\frac{\zeta_1^2+\zeta_2^2-2\rho\zeta_1\zeta_2}{v(1-\rho^2)}\right]}{\left[\Gamma\left(\frac{v+1}{2}\right)\right]^2\prod_{i=1}^{2}\left(1+\frac{\zeta_i^2}{v}\right)^{\frac{v+2}{2}}} \quad (3.30)$$

其中：ρ 是相关系数，v 是自由度，$\zeta_1 = t^{-1}(u)$，$\zeta_2 = t^{-1}(v)$，t^{-1} 是自由度为 v 的一元 t 分布函数 t_v 的逆函数。

图 3-2 是二元 t-Copula 函数的密度分布图。它与二元正态 Copula 函数相似也具有对称性，不过相对于正态 Copula 函数，它具有更厚的尾部，比正态 Copula 函数更好地刻画金融市场间的尾部相关特征；同样由于它的对称性，也限定了它的应用范围。

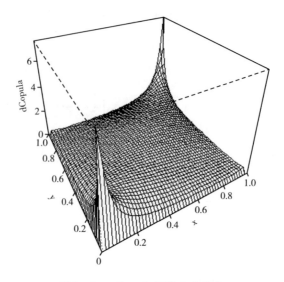

图 3 – 2　t-Copula 函数密度分布

二元 t-Copula 函数的定义可以推广到 n 元 t-Copula 函数，n 元 t-Copula 函数的分布函数和密度函数分别为：

$$C(u_1, u_2, \cdots, u_n; \rho, v) = t_{\rho v}(t_v^{-1}(u_1), t_v^{-1}(u_2), \cdots, t_v^{-1}(u_n)) \quad (3.31)$$

$$c(u_1, u_2, \cdots, u_n; \rho, v) = |\rho|^{-\frac{1}{2}} \frac{\Gamma\left(\frac{v+n}{2}\right)\left[\Gamma\left(\frac{v}{2}\right)\right]^{n-1}}{\left[\Gamma\left(\frac{v+1}{2}\right)\right]^n} \frac{\left(1 + \frac{1}{v}\zeta'\rho^{-1}\zeta\right)^{-\frac{v+n}{2}}}{\prod_{i=1}^n \left(1 + \frac{\zeta_i^2}{v}\right)^{-\frac{v+1}{2}}}$$

$$(3.32)$$

其中：ρ 是对角线上元素都是 1 的对称正定矩阵，$|\rho|$ 是 ρ 的行列式，$t_{\rho v}$ 是相关系数矩阵是 ρ、自由度是 v 的标准 n 元 t 分布函数，t_v^{-1} 是自由度为 v 的一元 t 分布函数 t_v 的逆函数，$\zeta' = (t_v^{-1}(u_1), t_v^{-1}(u_2), \cdots, t_v^{-1}(u_n))'$。

3.3.3　Archimedean Copula 函数

Archimedean Copula 函数由吉内斯特和麦凯（Genest & Mackay，1986）给

出定义，下面以二元为例，Archimedean Copula 函数的具体表达式为：

$$C(u,v) = \phi^{-1}(\phi(u) + \phi(v)) \tag{3.33}$$

其中：函数 $\phi(\cdot)$ 称为 Archimedean Copula 函数的生成元，$\phi(\cdot):[0,1]\to[0,+\infty)$ 满足连续严格递减、凸的，$\phi(1)=0$，$\phi^{-1}(\cdot)$ 是 $\phi(\cdot)$ 的广义逆函数，即：

$$\varphi^{-1}(t) = \begin{cases} \varphi^{-1}(t), & 0 \leq t \leq \varphi(0) \\ 0, & t \geq \varphi(0) \end{cases} \tag{3.34}$$

常用的二元 Archimedean Copula 函数有三种：Gumbel Copula 函数、Clayton Copula 函数和 Frank Copula 函数。它们能够捕捉到数据各种不同的相关结构。下面给出这三类 Copula 函数及其在相关性分析中的应用特点。

1. Gumbel Copula 函数

二元 Gumbel Copula 函数的分布函数和密度函数的表达式为：

$$C_G(u,v;\theta) = \exp(-[(-\ln u)^\theta + (-\ln v)^\theta]^{1/\theta}) \tag{3.35}$$

$$c_G(u,v;\theta) = \frac{C_G(u,v;\theta)(\ln u \times \ln v)^{\theta-1}}{uv[(-\ln u)^\theta + (-\ln v)^\theta]^{2-\frac{1}{\theta}}}\{[(-\ln u)^\theta + (-\ln v)^\theta]^{-1/\theta} + \theta - 1\} \tag{3.36}$$

其中：$\theta \in [1,\infty)$ 是相关参数。

当 $\theta=1$ 时，随机变量 u，v 独立；当 $\theta\to\infty$ 时，随机变量 u，v 趋向于完全相关，即此时 Gumble Copula 函数趋向于 Fréchet 上界。

图 3-3 给出了 Gumbel Copula 函数的密度分布图。可以看出其密度函数具有非对称性，上尾高下尾低，说明 Gumbel Copula 函数对变量在分布的上尾部分变化十分敏感，可以捕捉到上尾相关的变化。这一特性在金融风险管理和市场投资上有重要的应用，如它可以用来描述市场处于上涨时期股票市场间相关性增强的情形，即当一个股票市场的股票价格普遍暴涨时，另一个股

票市场也出现股票价格暴涨的可能性明显增加，两个市场在股票收益分布的上尾部分相关性比中间部分的相关性要大。

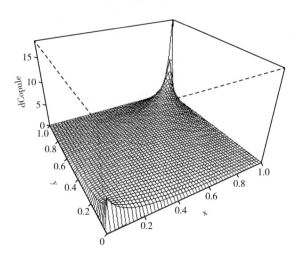

图 3 - 3　Gumbel Copula 函数密度分布

Gumbel Copula 函数的各相关系数与参数 θ 的关系如下：$\tau^{Gu} = 1 - \theta$，其中 τ^{Gu} 为 Kendall 秩相关系数；$\lambda_U^{Gu} = 2 - 2^{\theta}$，其中 λ_U^{Gu} 为上尾相关系数；$\lambda_L^{Gu} = 0$，其中 λ_L^{Gu} 为下尾相关系数，这也说明对于 Gumbel Copula 函数而言，它在分布的下尾部分变量是渐进独立的，从而难以捕捉到变量间在下尾部分的相关性。

2. Clayton Copula 函数

二元 Clayton Copula 函数的分布函数和密度函数的表达式为：

$$C_{CL}(u,v;\theta) = (u^{-\theta} + v^{-\theta} - 1)^{-1/\theta} \tag{3.37}$$

$$c_{CL}(u,v;\theta) = (1+\theta)(uv)^{-\theta-1}(u^{-\theta} + v^{-\theta} - 1)^{-2-1/\theta} \tag{3.38}$$

其中：$\theta \in (0,\infty)$ 是相关参数。

当 $\theta \to \infty$ 时，随机变量 u，v 趋向于完全相关，即此时 Clayton Copula 函数趋向于 Fréchet 上界；当 $\theta \to 0$ 时，随机变量 u，v 趋向于独立，即趋向于基本

Copula 函数中的独立 Copula。

图 3 - 4 给出了 Clayton Copula 函数的密度分布图。可以看出该分布具有明显的非对称性，而且呈现出下尾高上尾低的特点。Clayton Copula 函数与 Gumbel Copula 函数正好相反。它对分布的下尾部分是相当敏锐的，能够很好地捕捉到变量间在分布函数下尾部分的相关结构；而在分布的上尾部变量间是渐进独立的。Clayton Copula 函数在风险管理和投资管理中的应用也非常广泛，如它可以很好地描述当股市处于下降通道时股票市场间的相关性增强的情形，即一个股票市场出现暴跌时另一个市场也会出现暴跌的可能性会大大增加。实际上，在中国股市的上证市场和深证市场就有这样的相关结构。

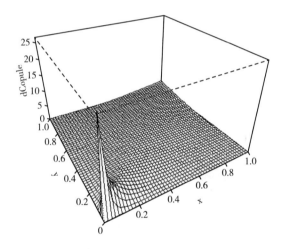

图 3 - 4　Clayton Copula 函数密度分布

Clayton Copula 函数的各相关系数与参数 θ 的关系如下：$\tau^{Cl} = \dfrac{\theta}{(\theta+2)}$，其中 τ^{Cl} 为 Kendall 秩相关系数；$\lambda_L^{Cl} = 2^{-\frac{1}{\theta}}$，其中 λ_L^{Cl} 为下尾相关系数；$\lambda_U^{Cl} = 0$，其中 λ_U^{Gu} 为上尾相关系数，也说明对于 Clayton Copula 函数而言，它在分布的上尾部变量是渐进独立的，从而它难以捕捉到变量间在上尾部分的相关性。

3. Frank Copula 函数

二元 Frank Copula 函数的分布函数和密度函数的表达式为：

$$C_F(u,v;\theta) = -\frac{1}{\theta}\ln\left(1 + \frac{(e^{-\theta u}-1)(e^{-\theta v}-1)}{(e^{-\theta}-1)}\right) \tag{3.39}$$

$$c_F(u,v;\theta) = \frac{-\theta(e^{-\theta}-1)e^{-\theta(u+v)}}{\left[(e^{-\theta}-1)+(e^{-\theta u}-1)(e^{-\theta v}-1)\right]^2} \tag{3.40}$$

其中：$\theta \neq 0$ 是相关参数。

当 $\theta > 0$ 时，随机变量 u, v 正相关；当 $\theta \to 0$ 时，随机变量 u, v 趋向于独立；当 $\theta < 0$ 时，随机变量 u, v 负相关。图 3-5 给出了 Frank Copula 函数的密度分布图，可看出它具有对称结构的函数，无法捕捉到随机变量间的非对称相关关系。

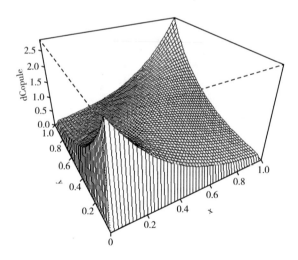

图 3-5　Frank Copula 函数密度分布

Frank Copula 函数的各相关系数与参数 θ 的关系如下：

$$\tau^F = 1 + \frac{1}{\theta}(D_k(\theta)-1) \tag{3.41}$$

其中：τ^F 为 Kendall 秩相关系数，$D_k = \dfrac{k}{\theta^k} \displaystyle\int_0^\theta \dfrac{t^k}{e^t - 1} \mathrm{d}t$，$k = 1$。

Frank Copula 函数的上尾和下尾相关系数都是 0，也就是说 Frank Copula 函数在分布的上下尾部变量是渐进独立的，从而难以捕捉到变量间在上下尾部分的相关性。

以上三种 Copula 函数，在描述变量间相关结构时各自有不同的优缺点，但涵盖了相关结构变化的各种情形，且可以比较方便地计算到各种相关测度的值，从而在金融市场风险管理和投资分析中得以广泛应用。同时，由于金融变量间的相依结构往往是复杂的，以上某一种 Copula 函数很难全面准确地刻画出变量间的相依结构。因此有很多学者采用构造各种混合 Copula 函数的方法，以力求更加全面准确的刻画相依结构。如何构造合适的 Copula 函数，这也是本书需要研究的一个重点和难点问题。

3.4　基于极值理论的 Copula 模型的构建

3.4.1　Copula-VaR 模型的构建方法

这里采用两阶段法构建 Copula 模型，再根据第 2.1 节中有关预测市场风险值 VaR 的方法，采用蒙特卡罗模拟法来计算投资组合或者金融头寸的风险值。为了方便起见，这里以二元 Copula 模型为例，说明 Copula-VaR 模型的构建方法。

首先，确定边缘分布模型。其次，根据一定的择优准则，选取一个合适的 Copula 函数，用以刻画随机变量之间的相依结构。最后，采用蒙特卡罗模拟法，计算出在给定资产权重下投资组合的风险值。

以等权重的投资组合为例，设 $\{x_t\}$ 和 $\{y_t\}$（$t = 1, 2, \cdots, n$）分别是单个资产 X 和 Y 的资产负收益率序列，等权重的投资组合 $Z = 0.5X + 0.5Y$ 对应的资产负收益率序列为 $\{0.5x_t + 0.5y_t\}$，下面建立 Copula-VaR 模型：

步骤（1）确定 X 和 Y 的边缘分布模型。根据一元分布的建模方法，选择合适的分布函数拟合样本 $\{x_t\}$ 和 $\{y_t\}$ 的边缘分布，这里记它们的边缘分布分别为 $F(x)$ 和 $G(y)$。

步骤（2）确定单个资产 X 和 Y 的负收益率间的 Copula 函数。记 $u_t = F(x_t)$、$v_t = G(y_t)$，按照本章中介绍的 Copula 函数选择方法，在一定的准则下确定一个合适的 Copula 函数刻画序列 $\{x_t\}$ 和 $\{y_t\}$ 间的相依结构，这里记该 Copula 函数为 $C(u,v)$。

步骤（3）采用蒙特卡罗法模拟出等权重的投资组合 $Z = 0.5X + 0.5Y$ 的负收益率值 z，具体步骤如下：

①生成独立的随机数 u，w，其中 u，w 都服从 $[0，1]$ 区间上的均匀分布。

②对步骤（2）中的 Copula 函数求偏导数，记 $C_u(v) = \dfrac{\partial C(u,v)}{\partial u}$。令 $v = C_u^{-1}(w)$，其中 u，w 是①中生成的随机数。则由 Copula 函数的性质可知，$(u，v)$ 就是服从步骤（2）中 Copula 函数 $C(u,v)$ 的模拟数对。

③根据步骤（1）中单个资产 X 和 Y 负收益率分布函数 $F(x)$ 和 $G(y)$，计算出与 u，v 对应的资产负收益率 x 和 y。

④计算等权重的投资组合 Z 的负收益率值：$z = 0.5x + 0.5y$，即为投资组合 Z 未来负收益率的一个模拟值。

步骤（4）根据投资组合 Z 的未来负收益率的模拟值来预测它的风险值 VaR。重复步骤（3）n 次，得到投资组合 Z 未来负收益率的模拟值序列 $\{z_t\}$，$t = 1，2，\cdots，n$，再据此得到投资组合的未来负收益率 z 的经验分布函数，在置信水平 α 下，根据风险值的定义 $P(z > VaR) = \alpha$ 很方便就能预测到投资组合的风险值。

事实上，该方法不仅可以预测等权重的投资组合的风险值，还可以预测任意权重组成的投资组合的风险值。只需要改变步骤（3）中③的投资组合负收益率表达式为 $z = \lambda x + (1 - \lambda)y$ 即可，其中 λ 为资产 X 在资产组合中所占权重。

从另一个方面看，也可以通过该模型找到最优的投资权重，从而在投资总额不变的情况下实现风险值最小，也就是搜寻到一个 $\lambda(0<\lambda<1)$ 使 *VaR* 最小。

3.4.2　基于极值理论的 Copula-VaR 模型的构建

为了刻画出金融数据的厚尾特征，也可以将 Copula 模型和极值理论结合起来，将金融数据的厚尾性考虑到模型中，建立 Copula-EVT-VaR 模型。这样能够更准确地估计市场风险，可以减低因为低估了市场风险而导致投资损失的概率。该模型实际上是在传统的 Copula-VaR 模型基础上，采用极值理论对边缘分布建模的一种估计风险值的模型。

Copula-EVT-VaR 模型预测风险值的步骤与 Copula-VaR 模型类似，只修改下单资产的边缘分布模型，采用极值理论建立边缘分布模型，具体的几种极值模型可以参见第 2 章，这里以超阈值模型为代表说明 Copula-EVT-VaR 模型的建模过程：

设投资组合 Z 是由单资产 X 和 Y 按等权重构成 $Z=0.5X+0.5Y$，$\{x_t\}$ 和 $\{y_t\}$ $(t=1,2,\cdots,n)$ 分别是 X 和 Y 的负收益率序列，则投资组合 Z 对应的资产负收益率序列为 $\{0.5x_t+0.5y_t\}$。建立单资产 X 和 Y 的负收益率序列的 POT 模型，选定阈值后，对超过阈值部分的分布函数采用广义 Pareto 分布拟合，阈值左边的分布函数采用经验分布，而广义帕累托分布的参数可以采用极大似然法估计，这样建模后估计出来 X 和 Y 的负收益率的分布函数分别记为 $F(x)$ 和 $G(y)$。剩下的过程与 Copula-VaR 模型完全类似，可以参见第 3.4.1 节。

上面介绍的 Copula-EVT-VaR 模型的边缘分布是采用经验分布函数和广义帕累托分布合成的。下面在此基础上，采用一种常用的非参数估计法的模型——核密度估计和极值理论相结合的方法来建立边缘分布模型。

为了避免假定数据服从某种给定分布而可能造成的误差，这里对于不超过阈值部分数据采用非参数估计法中的核密度估计来建模，再结合第 2 章中介绍的超阈值模型就可以得到收益率序列的边缘分布函数。为了构建边缘分布模型，先给出广义帕累托分布的密度函数和分布函数分别如下：

$$g(x,\xi,\beta) = \begin{cases} \dfrac{1}{\beta}\left(1 + \dfrac{\xi x}{\beta}\right)^{-\frac{1}{\xi}-1} &, \xi \neq 0 \\[3mm] \left(\dfrac{1}{\beta^e}\right)^{-\frac{x}{\beta}} &, \xi = 0 \end{cases} \qquad (3.42)$$

$$G(x,\xi,\beta) = \begin{cases} 1 - \left(1 + \dfrac{\xi x}{\beta}\right)^{-1/\xi} &, \xi \neq 0 \\[3mm] 1 - \exp\left(-\dfrac{x}{\beta}\right) &, \xi = 0 \end{cases} \qquad (3.43)$$

接下来，给出基于核密度估计和极值理论的边缘分布函数的估计表达式：

定理 3.4.1 已知随机变量 X 的分布函数为 $F(x)$，X_1，X_2，$\cdots$，X_n 是独立同分布的随机变量序列，且服从分布函数 $F(x)$，$\widetilde{F}(x)$ 为经验分布函数，则分布函数 $F(x)$ 的估计表达式为：

$$\hat{F} = \begin{cases} G_{\xi}(x - u_n)(1 - \widetilde{F}(u_n)) + \widetilde{F}(u_n), & x > u_n \\[2mm] \displaystyle\int_{-\infty}^{u_n} f_n(x)\,\mathrm{d}x & x \leqslant u_n \end{cases} \qquad (3.44)$$

其中：$G_{\xi}(x)$ 为广义帕累托分布函数，$f_n(x) = \dfrac{1}{nh_n}\sum_{i=1}^{n} K\left(\dfrac{x - x_i}{h_n}\right)$，$K(x)$ 为核密度函数，x_F 为分布函数 $F(x)$ 的右端点（可以为 ∞），$\lim\limits_{n\to\infty} u_n = x_F$，$\lim\limits_{n\to\infty} h_n = 0$，$\lim\limits_{n\to\infty} nh_n = \infty$，$\lim\limits_{n\to\infty} u_n = x_F$，而且有 $\hat{F}(x) \xrightarrow{a.s.} F(x)$ 成立。

证明：记条件超额分布函数为 $F_u(x) = P(X - u \leqslant x \mid X > u) = \dfrac{F(x+u) - F(u)}{1 - F(u)}$，其中 u 为阈值，

$$|\hat{F}(x) - F(x)|$$

$$= \left| \int_{-\infty}^{u_n} f_n(t)\,\mathrm{d}t + \int_{u_n}^{x} g_{\xi}(t - u_n)(1 - \widetilde{F}(u_n))\,\mathrm{d}t - F(x) \right|$$

$$\leqslant \left| \int_{-\infty}^{u_n} f_n(t)\,\mathrm{d}t - \int_{-\infty}^{u_n} f(t)\,\mathrm{d}t \right| + \left| \int_{u_n}^{x} g_{\xi}(t - u)(1 - \widetilde{F}(u_n))\,\mathrm{d}t - \int_{u_n}^{x} f(t)\,\mathrm{d}t \right|$$

$$\leqslant \int_{-\infty}^{u_n} |f_n(t) - f(t)| \mathrm{d}t + |(1 - \widetilde{F}(u_n))(G(x - u_n) - G(0)) - F(x) + F(u_n)|$$

$$\leqslant \int_{-\infty}^{u_n} |f_n(t) - f(t)| \mathrm{d}t + |(1 - \widetilde{F}(u_n))G(x - u_n) - F(x) + F(u_n)|$$

$$= \int_{-\infty}^{u_n} |f_n(t) - f(t)| \mathrm{d}t + \left| \begin{array}{l} (1 - F(u_n))\left(G(x - u_n) - \dfrac{F(x) - F(u_n)}{1 - F(u_n)}\right) \\[2mm] + G(x - u_n)(F(u_n) - \widetilde{F}(u_n)) \end{array} \right|$$

$$\leqslant \int_{-\infty}^{+\infty} |f_n(t) - f(t)| \mathrm{d}t + (1 - F(u_n)) \sup_{u_n \leqslant x < x_F} |G(x - u_n) - F_{u_n}(x - u_n)|$$

$$+ |G(x - u_n)(F(u_n) - \widetilde{F}(u_n))| \tag{3.45}$$

当 $n \to \infty$，由核密度估计的性质有 $\int_{-\infty}^{+\infty} |f_n(t) - f(t)| \mathrm{d}t \xrightarrow{a.s.} 0$，由匹肯德兹 – 布莱克默 – 德翰恩（Frey et al.，2010）定理有 $(1 - F(u_n)) \sup_{u_n \leqslant x \leqslant x_F} |G(x - u_n) - F_{u_n}(x - u_n)| \xrightarrow{a.s.} 0$，由经验分布函数的性质有 $|G(x - u_n)(F(u_n) - \widetilde{F}(u_n))| \xrightarrow{a.s.} 0$，从而，$|\hat{F}(x) - F(x)| \xrightarrow{a.s.} 0 (n \to \infty)$，即有 $\hat{F}(x) \xrightarrow{a.s.} F(x)$ 成立。

3.5　实证分析

3.5.1　数据的选取

本节实证分析的内容是外汇市场的一个二元投资组合的市场风险。该投资组合由美元对人民币的汇率和港元对人民币的汇率组成。为了描述的简单起见，在不影响模型实证分析的基础上，这里的投资组合在两种资产间的权重选择是等权重。选用的各组数据的时间是自 2005 年 7 月 22 日至 2016 年 10 月 27 日，首先，计算出各成分资产的日对数收益率序列 $r_t = \ln(P_{t+1}/P_t)$，再剔除交易时间不统一等无效数据，这样一共得到 2743 组样本数据。其次，在进行边缘分布建模之前，先对数据的基本统计分析。图 3-6 给出了两种货币对人民币汇率的日收益率时序列图，其中，上图是美元对人民币汇率日收益率时序图，下图是港元对人民币汇率收益图。从图 3-6 可以看出，美元和港币的汇率收益率的波动趋势相近，可能是由于美元作为一种世界通用货币，其他货币的汇率都跟随它波动。两种汇率的收益都明显不服从正态分布，存在极值现象和波动集聚性。

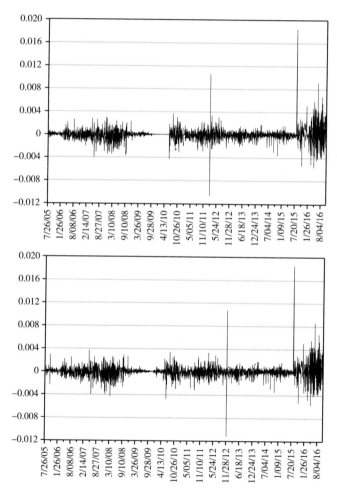

图 3-6 美元（上图）和港元（下图）对人民币汇率日收益率时序

表 3 – 1 给出了两种货币对人民币汇率收益率的基本统计量的具体值。其中 J – B 统计量值也可以看出数据拒绝服从正态分布的假设，存在尖峰厚尾、异方差、波动集聚性等现象，有必要采用时间序列模型对原始数据过滤后，再将极值理论应用到边缘分布模型中。

表 3 – 1　　　　　　　　美元和港元汇率收益率的基本统计量

货币	均值	标准差	偏度	峰度	J – B 统计量
美元	0.000000	0.001168	2.911346	49.80949	254303***
港元	0.000000	0.001182	2.623815	46.30548	217485***

注：*** 表示在 1% 显著性水平下显著。

3.5.2　模型求解

采用两阶段方法来建立模型。第一阶段是建立边缘分布模型，根据前面分析数据的基本特征，这里首先，采用随机波动模型来对数据进行过滤，以达到刻画数据的时间序列特征。其次，简单给出随机波动（SV）模型的数学表达式如下：

$$\begin{cases} y_t = \varepsilon_t e^{h_t/2} \\ h_t = \mu + \phi(h_{t-1} - \mu) + \eta_t \\ h_t = \ln\sigma_t^2 \\ \eta_t \sim nid(0, \tau^2), \varepsilon_t \sim t(0, 1, \omega) \end{cases} \tag{3.46}$$

其中：y_t 为第 t 日去均值化的收益率，h_t 为波动率平方的对数，ϕ 为持续性参数，反映当前波动率对未来波动率的影响，当 $\phi < 1$ 时，说明 SV 模型是协方差平稳的。ε_t 和 η_t 为残差项，相互独立。

SV – t 模型与 SV 基本模型相比在于残差序列 ε_t 服从自由度为 ω 的 t 分布。对 SV – t 模型的参数估计采用马尔科夫蒙特卡洛（MCMC）方法，根据经验选取先验分布如下：$\mu \sim i.i.N(0, 10)$，$\tau^2 \sim IGamma(2.5, 0.025)$，$\phi \sim Beta(20, 1.5)$，$\omega \sim \chi^2(8)$。参数估计结果如表 3 – 2 所示。

表 3 - 2 SV - t 模型参数估计值

货币	参数名称	μ	τ	ϕ	ω
美元	参数值	- 1. 09000	0. 33360	0. 99940	21. 310
	标准差	0. 36340	0. 07073	0. 00047	8. 097
	MC 误差	0. 02085	0. 00705	0. 00003	0. 771
港元	参数值	- 0. 99600	0. 35290	0. 99930	18. 090
	标准差	0. 35670	0. 08836	0. 00042	10. 460
	MC 误差	0. 01999	0. 00887	0. 00002	1. 026

　　由表 3 - 2 可以看出，估计得到的美元和港元汇率的收益率模型参数的标准差和蒙特卡洛标准差都很小，模拟得到的样本序列收敛。参数 μ 值代表波动率水平，可以看出，美元收益率比港元波动水平高，与前面基本统计量的分析结果一致。代表波动持续性水平的参数 ϕ 值都接近于 1，表明美元和港元在样本选取时期内有波动持续性较强，这说明样本数据的波动性具有长记忆性。再对过滤后的数据过滤建立超阈值模型，借鉴已有文献，采用左尾 10% 的分位数作为阈值，至此边缘分布模型建模完成。表 3 - 3 是超阈值模型的参数估计结果，这里采用的是极大似然法，至此边缘分布模型建模结束。

表 3 - 3 超阈值模型的参数估计结果

成分资产	ξ	β
美元	0. 453650	0. 094223
港元	0. 356386	0. 083710

　　与第 2 章所述相同，以广义帕累托分布拟合图来判断超阈值模型拟合尾部效果，图 3 - 7 以美元汇率序列为例，给出了美元的新息序列广义帕累托分布拟合诊断图形。从图 3 - 7 中可以看出对尾部进行广义帕累托分布拟合是合适的，模型也可得到较好的估计结果。港元对人民币汇率的新息序列也有类似的广义帕累托分布拟合效果，超阈值模型的使用是合适的。

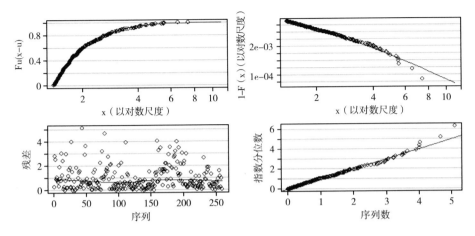

图 3 - 7 美元汇率广义帕累托分布拟合诊断

至此，第一阶段的边缘分布模型建模结束，接下来是第二阶段，建立成分资产间相依结构模型。首先，给出两种货币的汇率收益率散点图如图 3 - 8 所示，从散点图可以看出来美元和港元汇率收益率间相依程度较高，且相依结构具有一定的对称性。

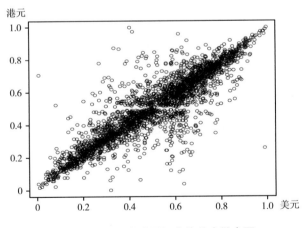

图 3 - 8 美元和港元汇率收益率散点图

为了比较各种单一 Copula 函数建模的效果，这里分别采用正态 Copula、t-Copula、Gumbel Copula、Frank Copula 和 Clayton Copula 进行建模。使用两阶

段极大似然法进行参数估计，具体的参数估计结果如表 3 - 4 所示。

表 3 - 4　　　　　　　　　　Copula 模型参数估计

Copula 函数	参数 1	参数 2	Log L	AIC
正态 Copula	0.952390 ***		2450	-4898
t-Copula	0.962430 ***	1.042370 ***	3064	-6124
Clayton Copula	7.400200 ***		2446	-4890
Gumbel Copula	5.971020 ***		2779	-5556
Frank Copula	20.220400 *		2728	-5454

注：***、**分别表示在1%和5%显著性水平下显著。

从表 3 - 4 中的估计结果可以看出来，这几种单一 Copula 模型中，t-Copula 模型拟合的效果最好。这说明两种外汇的收益率间存在一定的对称性和尾部相关性。

最后的工作就是模拟和估计投资组合的风险值。为了方便起见，这里的投资组合如同前面所说的，由美元和港元汇率以等权重的方式组合而成。按照第 3.4 节中给出的计算步骤，采用蒙特卡罗模拟法模拟出在不同 Copula 模型下的投资组合的日收益率，重复 500 次，再根据分布函数方法预测出不同置信水平下的风险值，具体的预测结果如表 3 - 5 所示。

表 3 - 5　　　　　　　不同 Copula 函数下投资组合的风险值

置信水平	正态 Copula	t-Copula	Clayton Copula	Frank Copula	Gumbel Copula
99%	0.002950	0.003056	0.002685	0.002813	0.002953
95%	0.002073	0.002014	0.001936	0.002047	0.002042

从表 3 - 5 的结果可以看出，采用 t-Copula 函数刻画相依结构时，在高置信水平下对应的风险值是最大的。通过回测检验比较真实风险值超过估计的风险值的次数，发现基于 t-Copula 模型预测结果的检验中，真实风险值超过估计的风险值的次数最接近理论超过次数，也就是说 t-Copula 模型估计的结果最有效。这与表 3 - 4 表现出的 t-Copula 函数拟合数据效果最佳的结论也是相吻合的。

第4章 基于混合 Copula 模型和极值理论的风险值估计

4.1 本章的研究背景

Copula 理论作为一种用来确定随机向量的联合分布和多个随机变量间相依结构的统计方法，被广泛运用到金融风险度量中。如何选择合适的 Copula 模型将各资产间的相关关系刻画出来，并且能够较准确方便地估计出 Copula 函数中的各参数或者是给出 Copula 函数的具体形式，这是一个很有理论价值和实践意义的工作。事实上，这一领域也确实吸引了很多学者为之努力，有关这方面的介绍在本章有详细介绍，这里不再重复。

Copula 函数作为一个刻画相依结构的有力工具，存在一些不足，单一 Copula 函数由于在只能刻画某些特点的相依结构，而金融市场变量间的相依结构是复杂多样化的，从而往往单一的 Copula 函数难以准确且全面地刻画金融市场变量间相关关系。为了克服这一不足，需要构造更灵活的 Copula 函数对变量间的相依结构建模。如何构造混合 Copula 模型，从而实现对金融市场投资组合的市场风险进行度量是一个很有意义的研究问题。事实也是如此，随着金融市场的不断发展，很多学者致力于通过对不同的 Copula 函数混合的方法来提高拟合的精度，从而提高预测风险的能力。一些学者根据二元混合分布理论提出了一种基于分布的混合 Copula 函数，并应用到中国股市的风险度量研究中，例如将正态混合 Copula 模型推广到更一般的情形等。

本章主要内容是构造不同混合 Copula 函数，并结合极值理论来构建模型，模拟和预测投资组合的风险值，从而在成分资产权重给定的情况下实现投资组合的市场风险的预测，或者在风险值最小化的前提下给出投资组合中成分资产的最佳权重。

4.2 基于光滑最小信息量准则和极值理论的混合 Copula 模型的构建及实证分析

4.2.1 基于光滑最小信息量准则的混合 Copula 函数的构造

设 C_1, C_2, $\cdots$, C_n 是 n 个同维数的 Copula 函数，所谓混合 Copula 函数是指它们的一个线性组合：

$$MC(u,v) = \sum_{i=1}^{n} \lambda_i C_i(u,v) \tag{4.1}$$

其中：$\lambda_i \geqslant 0$，$\sum_{i=1}^{n} \lambda_i = 1$，$i = 1$，$2$，$\cdots$，$n$。

事实上，如此构造的 $MC(u,v)$ 确实是一个 Copula 函数，这里以二元 Copula 函数为例进行证明。

根据定义 3.2.1，满足以下三个条件：①二元函数 $C(u, v)$ 的定义域为：$[0,1] \times [0,1]$；②二元函数 $C(u,v)$ 有零基面且是二维递增的；③对二元函数 $C(u,v)$ 定义域内任意的 $u,v \in [0,1]$，满足：$C(u,1) = u$ 和 $C(1,v) = v$，的函数就是 Copula 函数。

按照混合 Copula 函数 $MC(u,v)$ 的定义很容易验证它满足条件①和条件③；条件②具体指，$C(u,0) = C(0,v) = 0$ 且对于 $\forall u_1, u_2, v_1, v_2 \in [0,1]$，如果 $u_1 < u_2$，$v_1 < v_2$ 时，则有：$C(u_2,v_2) - C(u_2,v_1) - C(u_1,v_2) + C(u_1,v_1) \geqslant 0$ 成立，将 u，v，u_1，u_2，v_1，v_2 代入 $MC(u,v)$ 中，再根据每个 C_i 都是 Copula 函数，通过简单计算即知 $MC(u,v)$ 有零基面且是二位递增的。这说明 $MC(u,v)$ 是一个 Copula 函数。

混合 Copula 函数的形式给定后，首先需要解决的一个关键问题就是如何确定混合 Copula 函数中权重 $\lambda_i (i=1,2,\cdots,n)$。确定混合 Copula 函数权重的方法有很多种，其中比较简单的是简单加权法，也就是赋予每个 Copula 函数相同的权重。这种赋予混合 Copula 函数中每个单一 Copula 函数相同权重的方法虽然简单易行，但它有个很大的缺点是赋予每个 Copula 函数相同的权重后，就不能在混合 Copula 函数中充分体现出不同 Copula 函数在刻画变量间的相依结构效果的差异性。

为了克服简单加权法的不足，这里借鉴模型平均理论中的思想，将模型平均理论中的权重选择准则应用到本节的混合 Copula 函数构造中来。这里采用的是模型平均理论中确定权重的光滑最小信息量（S-AIC）准则。该准则是目前模型平均理论中最常用的准则之一。它是由巴克莱恩德等（Buckland et al.，1997）引入模型平均理论中并指出了采用该准则构造权重的理由，该方法中模型中的权重为：

$$\lambda_i = \frac{\exp(-AIC_i/2)}{\sum_{i=1}^{n} \exp(-AIC_i/2)}, i=1,2,\cdots,n \qquad (4.2)$$

其中：λ_i 是第 i 个模型在混合模型中的权重，AIC_i 是第 i 各个模型的 AIC 值，即 $AIC_i = -2\log(L_i)+2k$，L_i 是第 i 个模型的极大似然函数，k 是第 i 个模型中参数个数。

该权重一经提出就引起了很多学者的研究。卡颇特尼尔斯等（Kapetanios et al.，2006）又给出了使用该准则确定混合模型中各子模型权重的其他理由。光滑最小信息量准则由于操作简单，使用理由充分，是目前最常用的权重选择准则之一。

本节中混合 Copula 函数中的各单一 Copula 函数的权重选择方法采用光滑最小信息量准则，即混合 Copula 函数中的 i 个单一 Copula 函数的权重 λ_i 由式（4.2）给出。正如巴克莱恩德等（1997）所指出根据光滑最小信息量准则选出的模型是对真实数据拟合最好的那个模型。这也是本节所希望达到的目标，即构造一个最能全面和准确地刻画变量间相依结构的混合 Copula 函数。

接下来，需要解决的另一个问题是选择哪些单一 Copula 函数来组合成混合 Copula 函数。在金融风险管理领域，构造混合 Copula 函数的主要动机是为了克服单一 Copula 函数往往只能反应金融市场上变量间相依结构的某个侧面的不足，故在构造混合 Copula 函数时应该尽量选用一些具有不同特点的单一 Copula 函数来组合。这里参考已有文献，考虑到同属于 Archimedean Copula 函数的 Gumbel Copula、Clayton Copula 和 Frank Copula 具有显著的差异性，且它们可以分别刻画出相依结构中的上尾相关结构、下尾相关结构和上下尾对称相关结构，对这三种 Copula 函数进行混合，可以更全面和准确地刻画出变量间的相依结构。因此，本节采用这三种 Copula 函数作为组成混合 Copula 函数的单一 Copula 函数，相应的混合 Copula 函数的表达式为：

$$MC = \lambda_1 C_g + \lambda_2 C_{cl} + \lambda_3 C_f \qquad (4.3)$$

其中：λ_1，λ_2，$\lambda_3 \geqslant 0$，$\lambda_1 + \lambda_2 + \lambda_3 = 1$，$C_g$ 为 Gumbel Copula 函数，C_{cl} 为 Clayton Copula 函数，C_f 为 Frank Copula 函数。

从式（4.3）可以看出这样构造的混合 Copula 函数，不仅可以通过权重的改变来描述变量间上尾相关结构、下尾相关结构和上下尾对称相关结构这三种相关结构，还可以描述这些相关结构并存的情形。可见混合 Copula 函数与单一 Copula 函数相比更加灵活，更能够全面和准确地描述出变量间复杂的相关结构。本章采用混合 Copula 函数来对金融市场投资组合的成分资产间的相依结构进行建模是有意义的。

4.2.2 基于最小信息量准则和极值理论的混合 Copula 模型的构建

这节主要内容是结合基于最小信息量准则的混合 Copula 函数和极值理论来建立混合 Copula 模型，并给出通过该模型来预测投资组合的风险值的步骤和算法。

首先，建立边缘分布模型。对各成分资产的原始收益序作归一化处理，这里采用的是线性函数转换，即 $y_t = \dfrac{r_t - \min(r_t)}{\max(r_t) - \min(r_t)}$ 进行归一化处理。根据随机变量经过严格递增变化后对应的 Copula 函数不变的性质（Frey et al.，2010）可以知道，经过归一化处理后获得的数据间的 Copula 函数与原始数据间的 Copula 函数是相同的。这样就可以开始对归一化处理后的数据建立边缘分布模型。这里采用的是极值理论中的超阈值模型与核密度估计相结合的方法来建立边缘分布模型，边缘分布 F 的具体估计表达式如下：

$$\hat{F} = \begin{cases} G_\xi(x - u_n)(1 - \tilde{F}(u_n)) + \tilde{F}(u_n), & x > u_n \\ \displaystyle\int_{-\infty}^{u_n} f_n(x)\,\mathrm{d}x, & x \leqslant u_n \end{cases} \tag{4.4}$$

其中：u_n 为阈值，$G_\xi(x)$ 为广义帕累托分布函数，$f_n(x) = \dfrac{1}{nh_n}\sum_{i=1}^{n} K\left(\dfrac{x - x_i}{h_n}\right)$，$K(x)$ 为核密度函数。

其次，建立成分资产间的相依结构模型。这里采用基于光滑最小信息量准则的混合 Copula 函数作为刻画相依结构的函数，即权重 λ_i 的确定由式（4.2）给出，使用极大似然法估计参数值。

最后，估计投资组合的风险值。这里采用蒙特卡罗法模拟投资组合的收益率，再根据经验分布函数法估计出不同置信水平下的风险值。

4.2.3　实证分析

考虑到国际原油价格的波动会影响到中国股票市场的能源股价格和与原油相关行业的股票价格的波动，从而对股市指数产生影响，这里选用中国股票市场的上证综合指数（本章中简记为 SSE）和美国西德克萨斯现货原油价格（本章中简记为 WTI）作为投资组合的成分资产。为了描述的简单起见，在不影响模型实证分析的基础上，本节的投资组合权重采用的是等权重。选用的各组数据的时间是自 2005 年 7 月 22 日至 2016 年 10 月 27 日，先计算出各成分资产的日对数收益率序列 $r_t = \ln(P_{t+1}/P_t)$，再剔除交易时间不统一等无效数据，共得到 3184 组样本数据。

　　在进行边缘分布建模之前，先对数据进行基本统计分析，图 4 - 1 给出了两个成分资产的日收益率时序列图，其中 R1 是指上证综合指数收益率，R2 是指美国西德克萨斯原油市场原油现货原油价格收益率，从图 4 - 1 可以看出它们都明显不服从正态分布，存在极值现象。

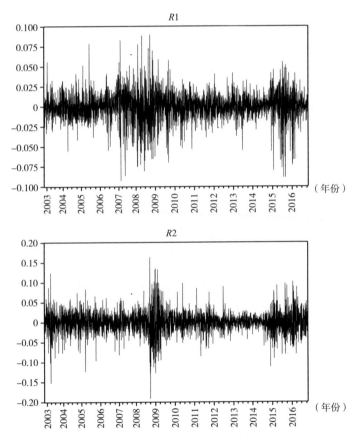

图 4 - 1　上证指数（R1）和美国西德克萨斯原油（R2）日收益率时序图

　　表 4 - 1 给出了两个成分资产的基本统计量的具体值，从表中 J - B 统计量值也可以看出数据拒绝服从正态分布的假设，存在尖峰厚尾现象，有必要将极值理论应用到边缘分布模型中。

表 4 - 1　　　　　　　　**上证指数和美国西德克萨斯原油的基本统计量**

成分资产	均值	标准差	偏度	峰度	J - B 统计量
SSE	- 0.000426	0.017320	- 0.567975	3.923899	1786.767 ***
WTI	- 0.000086	0.026079	0.134571	4.312015	2785.862 ***

注：*** 表示在 1% 的显著性水平下显著。

　　接下来进行边缘分布建模。考虑 Copula 函数的定义域问题，这里对各成分资产的原始收益序作归一化处理，为了方便起见这里采用的是线性函数转换即 $y_t = \dfrac{r_t - \min(r_t)}{\max(r_t) - \min(r_t)}$。根据随机变量经过递增变化后 Copula 函数不变的性质，可以知道经过归一化处理后获得的数据间的 Copula 函数与原始数据间的 Copula 函数是相同的。这样就可以开始对归一化处理后的数据建立边缘分布模型。

　　从数据的基本统计量的性质可以看出，数据存在明显的尖峰厚尾现象，故这里采用极值理论中常用的超阈值模型进行建模。借鉴艾格勒滋斯等（2009）选取阈值的方法，采用数据的左尾 10% 的分位数作为阈值，使用极大似然法估计 POT 模型中的广义帕累托分布的参数值，具体估计结果由表 4 - 2 给出。

表 4 - 2　　　　　　　　**超阈值模型的参数估计结果**

成分资产	ξ	β
SSE	0.077616	0.054374
WTI	0.138082	0.045998

　　图 4 - 2 以美国西德克萨斯原油为例，给出了超阈值模型拟合的效果诊断图，可以看出对尾部进行广义帕累托分布拟合效果理想，超阈值模型可得到较好的估计结果。上证指数序列也有类似的结论，尾部的广义帕累托分布拟合效果理想。

　　在建立了边缘分布模型的基础上，接下来的工作是建立 Copula 模型，并估计出 Copula 函数中的各参数的值。为了比较不同的 Copula 函数估计出的效果，这里首先采用单一的 Gumbel Copula、Frank Copula 和 Clayton Copula 进行建模。使用极大似然法进行参数估计，具体的参数估计结果如表 4 - 3 所示。

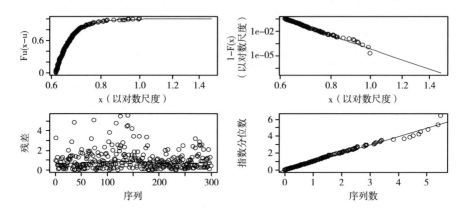

图 4 - 2   美国西德克萨斯原油的广义帕累托分布拟合诊断

表 4 - 3   单一 Copula 模型参数估计

Copula 函数	参数	Log L	AIC
Clayton Copula	0. 03358 ***	1. 602	− 1. 204
Gumbel Copula	1. 03686 ***	8. 351	− 14. 700
Frank Copula	0. 23510 ***	2. 380	− 2. 760

注： *** 表示在 1% 的显著性水平下显著。

再接着采用基于光滑最小信息量准则的混合 Copula 函数来对成分资产间的相依结构进行建模。这里参考已有文献，采用 Gumbel Copula 函数、Clayton Copula 函数和 Frank Copula 函数作为组成混合 Copula 函数的单一 Copula 函数。采用极大似然法进行估计，模型的参数估计结果如表 4 - 4 所示。

表 4 - 4   基于光滑最小信息量准则混合 Copula 函数参数估计

Copula 函数	参数	权重	Log L	AIC
Clayton Copula	0. 10792 ***	0. 23		
Frank Copula	− 1. 48772 ***	0. 30	14. 09	− 16. 18
Gumbel Copula	1. 14808 ***	0. 47		

注： *** 表示在 1% 的显著性水平下显著。

从通过比较表 4 – 3 和表 4 – 4 中的估计结果可以看出来，基于光滑最小信息量准则的混合 Copula 函数拟合数据的效果最优，说明了该混合 Copula 函数在描述金融市场变量间相依结构时要比单一 Copula 函数更准确些。而这三种单一 Copula 函数中 Gumbel Copula 函数的拟合效果最好，Clayton Copula 函数的拟合效果最差，这说明两个市场上尾相关特性比下尾相关特性更明显，即在经济形势好的时期两个市场间的相关性要比经济不好时期的相关性强。

最后的工作就是模拟估计投资组合的风险值。为了方便起见，这里的投资组合如同前文所说的，由上证指数和原油价格两种成分资产以等权重的方式组合而成。按照第 3.4 节中给出的计算步骤，采用蒙特卡罗模拟法模拟出在不同 Copula 函数模型下的投资组合的日收益率，重复 500 次，再根据分布函数方法预测出不同置信水平下的风险值，具体的预测结果如表 4 – 5 所示。

表 4 – 5　　　　　　　　　不同 Copula 函数下投资组合的风险值

置信水平	Clayton Copula	Frank Copula	Gumbel Copula	混合 Copula
95%	0.086461	0.086767	0.089608	0.050635
90%	0.070413	0.073257	0.072193	0.039739

从表 4 – 5 的结果可以看出，混合 Copula 函数模型预测出来的风险值最小。通过回测检验，比较每个模型中真实风险值超过风险值的次数与理论超过次数的差别。本节对样本内所有数据进行了回测，故在 95% 置信水平，理论超过次数是 159 次，混合 Copula 模型中实际超过次数是 130 次，对应的检验统计量 z 值是 – 2.359，检验结果在可接受区域内；但三种单一 Copula 模型都未能通过检验，三种单一 Copula 模型都高估了风险。在 90% 置信水平，也只有基于混合 Copula 模型估计出的风险值通过了检验。检验结果也说明，这两个市场的相关性不能仅借助于单独 Gumbel Copula、Frank Copula 和 Clayton Copula 中的某一个来表示，它们都只能反映两个市场的相关性的某一个侧面，故需要建立混合 Copula 模型来刻画相依结构。

4.3　基于 Copula 函数的相关系数

在传统方法中，常用皮尔森线性相关系数来描述变量之间的相关性。但是，很多金融数据通常是非线性的，因此线性相关系数在刻画金融数据时具有很大的局限性。耐尔森（2006）指出，对随机变量 $(X_1, X_2, \cdots, X_N)$ 作严格的单调变化，相应的 Copula 函数不变。这非常有利于 Copula 函数刻画随机变量相依结构，是基于 Copula 函数的相关性测度特有的优势，比线性相关适用的范围更广。下面介绍一些常用的基于 Copula 函数的相关性系数。

4.3.1　肯德尔（Kendall）秩相关系数

金融市场风险管理的一个基本问题是：两种资产的价格变化趋势是否一致？若价格变化趋势是一致的，则两种资产价格变化间存在正相关；若正好相反，则存在负相关。由此建立了一致性与相关性测度的联系。若两种资产价格变化一致，则市场风险很难分散。因为分散风险依赖于一种资产价格下降时，另一种资产价格会上升。度量价格变化一致还是相反，可以用价格变化一致的概率与价格变化相反的概率差来衡量。

定义 4.3.1　设 (X, Y) 是随机向量，(X_1, Y_1) 和 (X_2, Y_2) 为 (X, Y) 的两组独立的观测值，定义 (X, Y) 的肯德尔秩相关系数为：

$$\tau \equiv P[(X_1 - X_2)(Y_1 - Y_2) > 0] - P[(X_1 - X_2)(Y_1 - Y_2) < 0] \quad (4.5)$$

易见肯德尔秩相关系数具有下列性质：

（1）肯德尔秩相关系数只依赖于随机变量 X 和 Y 间的 Copula 函数，事实上式（4.5）可以改写为：

$$\tau = 2P[(X_1 - X_2)(Y_1 - Y_2) > 0] - 1 \quad (4.6)$$

若记随机 X 和 Y 的 Copula 函数式是 $C(u, v)$，那么肯德尔秩相关系数也可表示为：

$$\tau = 4\int_0^1\int_0^1 C(u,v)\,\mathrm{d}C(u,v) - 1 \tag{4.7}$$

（2）肯德尔秩相关系数的取值范围为 $[-1,1]$，且对严格单调递增变化是不变的。根据肯德尔秩相关系数 τ 的定义，若使用 τ 来度量随机变量 X，Y 的相关程度，则有以下结论成立：当 $\tau = 1$ 时，表明随机变量 X 与 Y 的变化完全一致，即 X 与 Y 正相关；当 $\tau = -1$ 时，表明随机变量 X 与 Y 的反向变化完全一致，即 X 与 Y 负相关；当 $\tau = 0$ 时，此时 X 与 Y 的变化一半是一致的，一半是相反一致的，因此不能直接据此判断 X，Y 是否相关。

4.3.2　斯皮尔曼（Spearman）秩相关系数

在 Copula 理论中，应用比较多的除了肯德尔秩相关系数外，还有一类重要的基于一致性的相关性测度，即斯皮尔曼秩相关系数。以下内容参考耐尔森（2006）的研究。

定义 4.3.2　耐尔森（2006）设随机变量 X，Y 的边缘分布分别为 $F_1(x)$ 和 $F_2(y)$，它们联合分布为 $F(x,y)$，假设 (x_1, y_1)，(x_2, y_2)，(x_3, y_3) 为独立同分布的随机向量，那么随机变量 (X, Y) 的斯皮尔曼秩相关系数 ρ_s 定义为：

$$\rho_s = 3\big[P\big((x_1 - x_2)(y_1 - y_3) > 0\big) - P\big((x_1 - x_2)(y_1 - y_3) < 0\big)\big] \tag{4.8}$$

根据定义 4.3.2 可知，斯皮尔曼秩相关系数具有下面性质：

（1）若随机变量 X 和 Y 的边缘分布为 $F_1(x)$ 和 $F_2(y)$，相应的 Copula 函数是 $C(u,v)$，其中 $u = F_1(x)$，$v = F_2(y)$，那么斯皮尔曼秩相关系数也可以由 Copula 函数给出：

$$\begin{aligned}\rho_s &= 12\int_0^1\int_0^1 uv\,\mathrm{d}C(u,v) - 3 \\ &= 12\int_0^1\int_0^1 C(u,v)\,\mathrm{d}uv - 3\end{aligned} \tag{4.9}$$

（2）记 $U = F_1(x)$，$V = F_2(y)$，其中 $F_1(x)$ 和 $F_2(y)$ 分别是随机变量 X 和 Y 的边缘分布函数，记 $C(u,v)$ 为随机变量 U 和 V 的联合分布函数，则有 $\rho_s = $

$\rho(U, V)$。其中，ρ 是线性相关系数。这也就说明 X、Y 的斯皮尔曼秩相关系数正好是 X、Y 的边缘分布 $F_1(x)$、$F_2(y)$ 的线性相关系数。显然，斯皮尔曼秩相关系数是基于一致性的相关性测度，而线性相关系数易受变量非严格单调递增变换的影响，斯皮尔曼秩相关系数不会受影响，只依赖于 Copula 函数，在描述相关性上优于线性相关系数。

4.3.3 基尼（Gini）关联系数和尾相关系数

1. 基尼关联系数

前面介绍的肯德尔秩相关系数和斯皮尔曼秩相关系数仅考虑随机变量变化方向的一致性和不一致性。接下来，介绍的基尼关联系数则更细致地考虑了随机变量变化顺序的一致性和不一致性，是一类可以衡量随机变量变化方向和变化程度一致性的指标。

定义 4.3.3 令随机变量 X, Y 的样本为 (x_n, y_n)，$n = 1, 2, \cdots, N$，(r_n, s_n) 为样本的秩，那么随机变量 (X, Y) 的基尼关联系数 γ 定义为：

$$\gamma = \frac{1}{\text{int}(N^2/2)} \left(\sum_{n=1}^{N} |r_n + s_n - N - 1| - \sum_{n=1}^{N} |r_n - s_n| \right) \tag{4.10}$$

其中：$\text{int}(\cdot)$ 为取整函数。

从定义 4.3.3 可以得出，基尼关联系数具有下面性质：

（1）基尼关联系数可以推广到无限样本的情形。若记随机变量 X 和 Y 的边缘分布函数为 $F_1(x)$ 和 $F_2(y)$，$C(u,v)$ 为相应的 Copula 函数，则基尼关联系数可以由以下式给出：

$$\gamma = 2 \int_0^1 \int_0^1 (|u + v - 1| - |u - v|) \, dC(u,v) \tag{4.11}$$

（2）基尼关联系数还可以表示为：

$$\gamma = 4 \left[\int_0^1 C(u,u) \, du + \int_0^1 C(u, 1 - u) \, du - \frac{1}{2} \right]$$

$$= 4\left[\int_0^1 C(u,u)\,\mathrm{d}u - \int_0^1 \left[u - C(u,1-u)\right]\mathrm{d}u\right] \tag{4.12}$$

（3）由于严格单调增变换不会改变样本的秩，从而基尼关联系数的值不会变，即基尼关联系数对严格单调递增的变换也是不变的。

2. 上（下）尾相关系数

在风险管理中，研究者往往更关心极端事件彼此间相互关联程度，也即更关心随机变量间的尾部相关性，Copula 函数可以十分方便地用来处理尾部相关性。在介绍尾部相关测度之前，需要先定义两个特殊的 Copula 函数：Copula 生存函数 $\hat{C}(u,v)$ 和函数 $\overline{C}(u,v)$：

$$\overline{C}(u,v) = P(U>u,V>v) = 1 - u - v + C(u,v) \tag{4.13}$$

$$\hat{C}(u,v) = u + v - 1 + C(1-u,1-v) \tag{4.14}$$

易知，

$$\hat{C}(1-u,1-v) = \overline{C}(u,v) = P(U>v,V>v) \tag{4.15}$$

记 $\lambda(u^*) = P(U>u^* \mid V>v^*) = \dfrac{\overline{C}(u^*,u^*)}{1-u^*}$，其中 $u^* \in [0,1]$，称 $\lambda(u^*)$ 为相关性的分位数相关测度。乔（Joe，1997）考虑 u^* 趋向于左右端点时 $\lambda(u^*)$ 的极限，构造了尾部相关系数。

定义 4.3.4 设 X 和 Y 是两个随机变量，它们有边缘分布函数分别为 $F_1(x)$ 和 $F_2(y)$，相应的 Copula 函数 $C(u,v)$，那么上尾相关系数和下尾相关系数分别定义为：

$$\lambda_U \equiv \lim_{u^* \to 1} P\left[X > F_1^{-1}(u^*) \mid Y > F_2^{-1}(u^*)\right] \tag{4.16}$$

$$\lambda_L \equiv \lim_{u^* \to 0^+} P\left[X > F_1^{-1}(u^*) \mid Y < F_2^{-1}(u^*)\right] \tag{4.17}$$

尾部相关系数可以用来表示当一个变量出现极值时，另一个变量也出现极值的概率，它广泛应用于极值理论的测度，经常用来分析金融市场或投资组合间的尾部相关性和波动性溢出问题。尾部相关系数具有以下性质：

（1）随机变量 X 和 Y 的上、下尾相关系数值仅与它们间的 Copula 函数有关，与 X 和 Y 的边缘分布无关。事实上，若极限 $\lim\limits_{u^* \to 1} \dfrac{1 - 2u^* + C(u^*, u^*)}{1 - u^*} = \lim\limits_{u^* \to 0}\left(2 - \dfrac{\log C(u^*, u^*)}{\log u^*}\right)$ 存在，则有：

$$\begin{aligned}
\lambda_U &= \lim_{u^* \to 1} \frac{P(X > F_1^{-1}(u^*), Y > F_2^{-1}(u^*))}{P(Y > F_2^{-1}(u^*))} \\
&= \lim_{u^* \to 1} \frac{1 - 2u^* + C(u^*, u^*)}{1 - u^*} \\
&= \lim_{u^* \to 0}\left(2 - \frac{\log C(u^*, u^*)}{\log u^*}\right)
\end{aligned} \tag{4.18}$$

同理，下尾相关系数为 $\lambda_L = \lim\limits_{u^* \to 0^+} \dfrac{C(u^*, u^*)}{u^*}$。

（2）若 λ_U 存在且大于 0，则随机变量 X 和 Y 上尾相关；若 λ_L 存在且大于 0，则随机变量 X 和 Y 下尾相关。

4.4　基于肯德尔秩相关系数的混合 Copula 模型的构建及应用

关于混合 Copula 函数的研究虽然很多，但是针对利用肯德尔秩相关系数建立混合 Copula 模型的研究鲜有见到。本节首先，构建基于肯德尔秩相关系数构造的混合 Copula 函数，并给出了生成服从该混合 Copula 函数的伪随机数对的算法。其次，根据数据的特征采用 GARCH 类模型建立边缘分布模型，并给出了据此模型模拟和估计风险值的具体方法，建立混合 Copula 模型。最后，将此新方法应用到上证指数和深成指数构成的资产组合的风险值预测中，同时在风险值最小化的原则下给出了最佳投资组合策略。

4.4.1　基于肯德尔秩相关系数的混合 Copula 函数的构造

耐尔森（2006）证明了对随机变量 (x, y) 做严格的单调增变换后，相应的 Copula 函数不变，从而由 Copula 函数导出的相关性测度的值也不变。因此，与线性相关系数相比，基于 Copula 函数的相关性测度更规范、适应范围更广。基于 Copula 函数的相关性测度的统计量主要有肯德尔相关系数、斯皮尔曼秩相关系数以及上（下）尾相关系数等。考虑肯德尔相关系数 τ 总是存在的，且容易估计，尤其是对于在金融风险管理中常出现的尖峰厚尾分布的情形，本节给出了一种基于肯德尔秩相关系数构造混合 Copula 函数的方法，并给出了生成服从该混合 Copula 函数的伪随机数对的算法。

在构造新的混合 Copula 之前先给出该构造方法的理论依据，具体见下面的定理。

定理 4.4.1　设 $F_1(x)$、$F_2(y)$ 是两个一元连续型分布函数，$C_1(u,v)$、$C_2(u,v)$ 为两个 Copula 函数，τ_1、τ_2 分别为 $C_1(u,v)$、$C_2(u,v)$ 的肯德尔秩相关系数，令 $\tau_1 < \tau_2$，对 $\forall \tau \in [\tau_1, \tau_2]$，令 $F(x,y) = \lambda C_1(F_1(x), F_2(y)) + (1-\lambda)C_2(F_1(x), F_2(y))$，则 $F(x,y)$ 是二元分布函数，且它的边缘分布函数为 $F_1(x)$ 和 $F_2(y)$，肯德尔秩相关系数 τ 为：

$$
\begin{aligned}
\tau = {}& \lambda^2(\tau_1 + 1) + (1-\lambda)^2(\tau_2 + 1) - 1 \\
& + 4\lambda(1-\lambda)\int_0^1\int_0^1 \left[C_1(u,v)\mathrm{d}C_2(u,v) + C_2(u,v)\mathrm{d}C_1(u,v) \right] \quad (4.19)
\end{aligned}
$$

其中：$0 \leqslant \lambda \leqslant 1$。

证明：由分布函数的定义易知 $F(x,y)$ 是一个分布函数。

根据边缘分布函数的定义和 Copula 函数的性质有：

$$
\begin{aligned}
F(x, +\infty) &= \lambda C_1(F_1(x), F_2(+\infty)) + (1-\lambda)C_2(F_1(x), F_2(+\infty)) \\
&= \lambda C_1(F_1(x), 1) + (1-\lambda)C_2(F_1(x), 1) \\
&= \lambda F_1(x) + (1-\lambda)F_1(x) \\
&= F_1(x) \quad\quad\quad (4.20)
\end{aligned}
$$

同理 $F(+\infty,y)=F_2(y)$，即 $F(x,y)$ 的边缘分布函数分别为 $F_1(x)$ 和 $F_2(y)$。

再根据肯德尔秩相关系数的性质，有 $\tau_1 = 4\int_0^1\int_0^1 C_1(u,v)\mathrm{d}C_1(u,v)-1$，从而：

$$\int_0^1\int_0^1 C_1(u,v)\mathrm{d}C_1(u,v)=\frac{1}{4}(\tau_1+1) \tag{4.21}$$

同理：

$$\int_0^1\int_0^1 C_2(u,v)\mathrm{d}C_2(u,v)=\frac{1}{4}(\tau_2+1) \tag{4.22}$$

$$\begin{aligned}
\tau &= 4\int_0^1\int_0^1 C(u,v)\mathrm{d}C(u,v)-1\\
&= 4\int_0^1\int_0^1[\lambda C_1(u,v)+(1-\lambda)C_2(u,v)]\mathrm{d}(\lambda C_1(u,v)+(1-\lambda)C_2(u,v))-1\\
&= 4\int_0^1\int_0^1\lambda^2 C_1(u,v)\mathrm{d}C_1(u,v)+4\int_0^1\int_0^1\lambda(1-\lambda)C_2(u,v)\mathrm{d}C_1(u,v)\\
&\quad+4\int_0^1\int_0^1\lambda(1-\lambda)C_1(u,v)\mathrm{d}C_2(u,v)+4\int_0^1\int_0^1(1-\lambda)^2 C_2(u,v)\mathrm{d}C_2(u,v)-1\\
&= \lambda^2(\tau_1+1)+(1-\lambda)^2(\tau_2+1)-1\\
&\quad+4\lambda(1-\lambda)\int_0^1\int_0^1[C_1(u,v)\mathrm{d}C_2(u,v)+C_2(u,v)\mathrm{d}C_1(u,v)] \tag{4.23}
\end{aligned}$$

证毕。

本节中记 $C_{mix}(u,v)=\lambda C_1(u,v)+(1-\lambda)C_2(u,v)$，称之为基于肯德尔秩相关系数的混合 Copula 函数，而生成服从该混合 Copula 函数的伪随机数对的具体算法如下。

命题 4.4.1 设随机变量 (X,Y) 的边缘分布函数分别为 $F_1(x)$ 和 $F_2(y)$，它的连接函数是混合 Copula 函数为 $C_{mix}(u,v)=\lambda C_1(u,v)+(1-\lambda)C_2(u,v)$，则随机变量 (X,Y) 可以由下面算法生成：

第一步：随机生成独立同分布的变量 U、V 和 W，都服从 $[0,1]$ 上均匀分布。

第二步：如果 $U\leq\lambda$，对于肯德尔秩相关系数为 τ_1 的已知 Copula 函数 $C_1(u,v)$ 和分布函数 $F_1(x)$、$F_2(y)$，令 $(X,Y)=\left(F_1^{-1}(V),F_2^{-1}\left(\left(\frac{\partial C_1}{\partial u}\right)^{-1}(W)\right)\right)$。

第三步：如果 $U > \lambda$，对于肯德尔秩相关系数为 τ_2 的已知 Copula 函数 $C_2(u,v)$ 和分布函数 $F_1(x)$、$F_2(y)$，令 $(X,Y) = \left(F_1^{-1}(V), F_2^{-1}\left(\left(\dfrac{\partial C_2}{\partial u} \right)^{-1}(W) \right) \right)$。则随机变量 (X, Y) 的联合分布函数为：

$$F(x,y) = \lambda C_1(F_1(x), F_2(y)) + (1 - \lambda) C_2(F_1(x), F_2(y)) \qquad (4.24)$$

其中：$F_1(x)$ 和 $F_2(y)$ 为分布函数 $F(x,y)$ 的边缘分布函数。

证明：由 $U \sim U(0,1)$，$V \sim U(0,1)$，$W \sim U(0,1)$ 且它们独立且当 $U \leqslant \lambda$ 时，$(X,Y) = \left(F_1^{-1}(V), F_2^{-1}\left(\left(\dfrac{\partial C_1}{\partial u} \right)^{-1}(W) \right) \right)$，则 $U \leqslant \lambda$ 时，随机变量 (X, Y) 的联合分布函数为：

$$F(x,y) = C_1(F_1(x), F_2(y)) \qquad (4.25)$$

同理，当 $U > \lambda$ 时，(X, Y) 的联合分布函数为：

$$F(x,y) = C_2(F_1(x), F_2(y)) \qquad (4.26)$$

从而，(X, Y) 的联合分布函数为：

$$\begin{aligned} F(x,y) &= \lambda P(X \leqslant x, Y \leqslant y \mid U > \lambda) + (1 - \lambda) P(X \leqslant x, Y \leqslant y \mid U \leqslant \lambda) \\ &= \lambda C_1(F_1(x), F_2(y)) + (1 - \lambda) C_2(F_1(x), F_2(y)) \qquad (4.27) \end{aligned}$$

证毕。

4.4.2　基于肯德尔秩相关系数的混合 Copula 模型的构建

为了刻画金融数据的一些时间序列特点，在混合 Copula-VaR 模型中对单资产负收益率的边缘分布建模时，可以结合时间序列模型进行建模。这里以时间序列模型中常用的 GARCH 模型为例，设 $\{x_{1t}\}$ 和 $\{x_{2t}\}$（$t = 1, 2, \cdots, n$）分别是单个资产 X_1 和 X_2 的资产负收益率序列，且序列 $\{x_{1t}\}$ 和 $\{x_{2t}\}$ 服从 GARCH 过程，建立 Copula-GARCH-VaR 模型：

$$x_{it} = \mu_{it} + \varepsilon_{it}, i = 1, 2, t = 1, 2, \cdots, n \qquad (4.28)$$

$$\varepsilon_{it} = \sqrt{h_{it}}\xi_{it} \tag{4.29}$$

$$h_{it} = \omega_i + \sum_{j=1}^{q_i} \alpha_{ij}\varepsilon_{i,t-j}^2 + \sum_{j=1}^{p_i} \beta_{ij}h_{i,t-j} \tag{4.30}$$

$$(\xi_{1t}, \xi_{2t}) \sim C_{mix}(\Phi(\xi_{1t}), \Phi(\xi_{2t})) \tag{4.31}$$

其中：C_{mix} 是一个二元混合 Copula 函数，ξ_{it} 服从 [0，1] 区间上的均匀分布，Φ 是标准一元正态分布函数。

在上面的模型中，式（4.28）、式（4.29）和式（4.30）实际上是一个 (p_i, q_i) 阶的 GARCH 过程；而式（4.31）实际上就是第 3.4.1 节中介绍的二元 Copula 模型。仿照第 3.4.1 节中的算法，也可以通过蒙特卡罗模拟法来预测资产组合的风险值，这里依然以等权重的资产组合为例，即 $Z = 0.5X_1 + 0.5X_2$，具体步骤如下：

（1）估计出 GARCH 模型，即式（4.28）、式（4.29）和式（4.30）中的参数，并提取标准残差序列 $\{\xi_{1t}\}$ 和 $\{\xi_{2t}\}$，$t = 1, 2, \cdots, n$。

（2）利用标准残差序列 $\{\xi_{1t}\}$ 和 $\{\xi_{2t}\}$，估计出 Copula 模型即式（4.31）中的 Copula 函数 $C_{mix}(u, v)$。

（3）生成独立的随机数 ξ_1 和 w，其中 ξ_1，w 都服从 [0，1] 区间上的均匀分布；求出步骤（2）中估计出的 Copula 函数的偏导数，记 $C_u(v) = \dfrac{\partial C(u, v)}{\partial u}$，令 $\xi_2 = C_u^{-1}(w)$，则 (ξ_1, ξ_2) 就是服从步骤（2）中 Copula 函数 $C(u, v)$ 的模拟数对。

（4）将模拟数 ξ_1 代回 GARCH 模型中，得到资产 X_1 的未来负收益率模拟值 x_1；同理可以得到资产 X_2 的未来负收益率 x_2；计算投资组合 $Z = 0.5X_1 + 0.5X_2$ 的未来负收益率模拟值 $z = 0.5x_1 + 0.5x_2$。

（5）根据投资组合 Z 的未来负收益率的模拟值来预测它的风险值 VaR。重复步骤（3）和步骤（4）n 次，得到投资组合 Z 未来负收益率的模拟值序列 $\{z_t\}$，$t = 1, 2, \cdots, n$。再据此得到投资组合的未来负收益率 z 的经验分布函数，在置信水平 α 下，根据风险值的定义 $P(z > VaR) = \alpha$ 很方便就能预测到投资组合的风险值。

4.4.3　投资组合收益率的模拟及风险值的计算步骤

设投资组合 Z 由两种资产 X 和 Y 构成，这两种资产的负对数收益率序列分别为 $\{x_t\}$ 和 $\{y_t\}$，$t=1$，2，$\cdots$，T。在前面构造的模型基础上，本书预测风险值的步骤设计如下。

第一步，确定边缘分布。首先，在信息量最小的准则（AIC）下选择合适的 GARCH 类模型对各资产的负对数收益序列 $\{x_t\}$ 和 $\{y_t\}$ 建模，得到两个近似独立同分布的新息序列。其次，用经验分布函数法拟合边缘分布函数，从而得到每个成分资产新息序列的边缘分布，分别记为 $F_1(x)$ 和 $F_2(y)$。

第二步，确定混合 Copula 函数。估计出信息序列的肯德尔秩相关系数，再根据定理 4.4.1 中提供的权重选择方法，构造用以刻画成分资产的新息序列间相依结构的混合 Copula 函数 C_{mix}。

第三步，采用蒙特卡洛模拟法计算资产组合的风险值，并选择风险值最小的投资权重为最优投资组合。按照命题 4.4.1 中的算法生成随机变量 (X,Y)，记资产组合收益为 $R=\delta X+(1-\delta)Y$，其中 $0\leqslant\delta\leqslant1$。对于固定的 δ，可以重复上述过程 N 次，得到资产组合 – 收益率的模拟值 R，得到 R 的经验分布函数，再根据经验分布函数估计出风险值。

第四步，在风险值最小的准则下，选择最优的投资组合：以步长为 0.01，对不同的 δ，重复第一步到第三步，再在所有的风险值中选择一个最小的值以及它所对应的 δ 值，即为本节中最优的投资组合。

4.4.4　实证分析

本节实证分析采用的数据是上证综合指数（以下简称"上证指数"）和深圳成分指数（以下简称"深成指数"），时间为 2000 年 1 月 1 日至 2015 年 6 月 4 日。参照风险管理中常用的办法，书中的收益率为对数收益率。由于本节的目的是预测风险值，是为了更好地控制风险，故着重考虑的是亏损情形。为了后面计算的方便,这里的时间序列是负对数收益率序列,即 $r_t = \log(p_t/p_{t+1})$。

本节所有的分析都是建立在负对数收益率序列的基础上,共有 3729 个数据。在进行具体分析之前,为了对数据有个直观的认识,先给出了两个市场的对数收益率序列图,如图 4-3 所示。

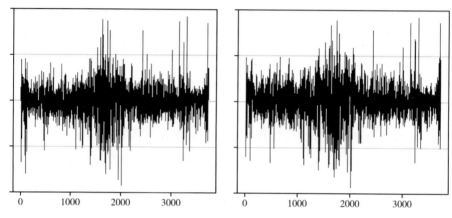

图 4-3 上证指数(左)和深成指数(右)对数收益率序列时序

从图 4-3 的两个市场指数收益率时序图中可以看出收益率序列存在显著的聚集性,即一次大的波动后往往又伴随着较大的波动,而一次小的波动后又会伴随着较小的波动,说明序列可能存在异方差性。

下面给出两个市场负对数收益率序列的一些基本统计特征,以便初步选择合适的模型对数据进行过滤,具体内容见表 4-6。

表 4-6　　　　　　　　　基本统计量值及检验统计量值

统计量	上证指数	深成指数
均值	-0.034500	-0.044180
标准差	1.589279	1.760703
偏度	0.141999	0.135246
峰度	4.258435	3.250452
J-B 统计量	2835.3110 ***	1656.3720 ***
LM 统计量	289.4506 ***	322.7912 ***
ADF 值	-13.3046 ***	-13.5112 ***

注:*** 表示在 1% 显著性水平下显著。

　　通过表4-6可以发现，两个市场的负对数收益率均值都是负值即收益率均值为正值。这表明在所选取的时间区域内投资上证指数和深成指数都会有所收益，这正可以解释为什么在投资指数基金时很多机构都给出适合长期持有的建议。再观察到两个市场数据的标准差是相近的，即每个指数负对数收益率序列的波动程度大致相当，这可能与沪市和深市都实行涨跌停板制度有关。再通过观察各序列偏度峰度和 J-B 统计量值可知，各序列均不服从经典风险管理中收益率序列服从正态分布的假设，都是非对称厚尾的，即有金融数据典型的尖峰厚尾偏斜特征。利用 ADF 检验可知，每个序列在 0.01 显著性下拒绝非平稳的假设，即各序列都是平稳的。通过 LM 统计量可以看出两个序列中都存在条件异方差性，需要建立异方差模型，本书采用的 GARCH 族模型。

　　在建立 GARCH 模型前，通过检验对数收益率序列的标准化后的残差序列 r_t/σ_t 及其平方的自相关图和偏相关图（见图4-4），图4-4中 $r1$ 指上证指数，$r2$ 指深成指数。发现标准化后的残差平方序列存在显著的自相关性，也就说明了序列存在高阶 ARCH 效应。

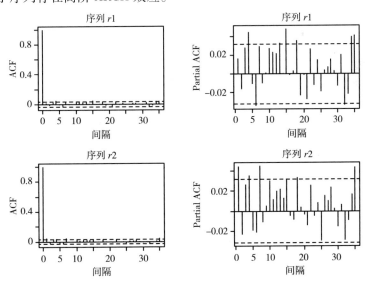

图4-4　上证指数（$r1$）和深成指数（$r2$）原始序列和新息
序列平方的自相关和偏相关

为了刻画出各成分资产数据的时间序列特征，本节采用 AR(1) – GARCH (1,1) 模型过滤原始数据，通过极大似然法估计模型中各参数值。表 4 – 7 给出了 AR(1) – GARCH(1,1) 模型中各参数的具体估计值。

表 4 – 7   **AR(1) – GARCH 模型参数估计值**

资产	ω	α	β
上证指数	0. 041690 ***	0. 070830 ***	0. 913415 ***
深成指数	0. 051721 ***	0. 007083 ***	0. 913415 ***

注：*** 表示在1% 显著性水平下显著。

为了观察 AR(1) – GARCH(1,1)模型过滤原始数据的效果，图 4 – 4 给出了过滤后得到的新息序观察的标准化残差平方自相关图和偏相关图。可以发现利用 AR(1) – GARCH(1,1)模型过滤数据后消除了原序列的 ARCH 效应，模型可以使用。这样得到的残差序列是近似独立同分布，再利用核密度估计拟合残差序列，至此边缘分布建模部分结束。

为已经建立了边缘分布模型的残差序列选择合适的 Copula 函数建模。经过上述边缘分布模型建模后的残差序列的肯德尔秩相关系数为 0.796，借鉴欧阳（Ouyang，2009）的方法，选用二元 Copula 函数的上、下界，即 Fréchet 上界和 Fréchet 下界作为组成混合 Copula 函数的两个单一 Copula 函数，在使得新构造的混合 Copula 函数的肯德尔秩相关系数，恰好是样本数据的肯德尔秩相关系数 0.796 的前提条件下，得到二元混合 Copula 函数如下：

$$C_{mix}(u,v) = 0.102C_1(u,v) + 0.898C_2(u,v) \tag{4.32}$$

其中：$C_1(u,v) = \max\{u + v - 1,0\}$，$C_2 = \min\{u,v\}$。

这里采用 $C_{mix}(u, v)$ 作为刻画成分资产的相依结构的函数，至此两个市场指数收益率序列间的相依结构建模结束。接下来，通过蒙特卡罗模拟法来生成符合该混合 Copula 函数的随机数。根据第 4.3.1 节中的算法，下面给出具体算法如下：

（1）随机生成独立同分布的变量 U、V 和 W，都服从 [0, 1] 上均匀分布。

（2）如果 $U \leqslant 0.102$，令 $(X, Y) = \left(F_1^{-1}(V), F_2^{-1}\left(\left(\frac{\partial C_1}{\partial u} \right)^{-1}(W) \right) \right)$，其中 $F_1(x)$、$F_2(y)$ 分别为两个成分资产的边缘分布函数，$C_1(u, v) = \max\{u + v - 1, 0\}$。

（3）如果 $U > 0.102$，令 $(X, Y) = \left(F_1^{-1}(V), F_2^{-1}\left(\left(\frac{\partial C_2}{\partial u} \right)^{-1}(W) \right) \right)$；$F_1(x)$、$F_2(y)$ 分别为两个成分资产的边缘分布函数，$C_2 = \min\{u, v\}$。

这样生成的随机数对 (X, Y) 就是两个成分资产负对数收益率的模拟值，再根据投资组合的权重结构，估计出投资组合的负对数收益率，显然投资组合的负对数收益率随着权重的变化而变化。

最后，按照第 4.4.3 节预测风险值步骤中的第三步和第四步，模拟由两个市场指数构成的资产组合在两个资产不同的权重下的风险值，并做出在置信水平 $\alpha = 0.05$ 条件下，不同权重的资产组合的风险值图，具体如图 4-5 所示。其中横轴表示资产组合中上证指数所占比重，纵轴表示 100 个单位资产组合在 1 天持有期内，95% 的置信水平下的风险值。

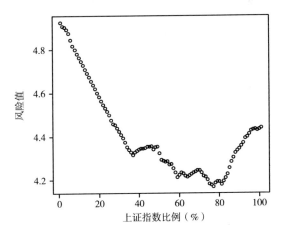

图 4-5　上证指数比例递增时资产组合风险值变化

从图 4-5 可以看出，在不同的配置比例下，由上证指数和深成指数构成的资产组合的风险值是变化的。在上证指数比例为 78%、深成指数比例为 22% 时，风险值达到最小值。从控制风险的角度来考虑，在风险值最小化的准则下，这个比例也就是本节实证分析中给出的最优资产配置方案。

4.4.5 小结

中国很多投资机构采用历史模拟法、蒙特卡罗模拟法和正态方法这三种传统方法，作为内部模型法来预测市场风险值。但这三种方法都有一定的不足之处，尤其是在假设数据服从正态分布方面存在比较明显的缺陷。

很多投资者和投资机构都喜欢对中国股票市场指数进行投资组合，从而股市指数投资组合风险成为投资机构市场风险的一个重要组成部分。股市指数收益率时间序列与很多金融资产收益序列相近似，也具有有偏、尖峰、厚尾等一些非正态的特征。因此，本书考虑 GARCH 类模型可以很好地描述金融数据的各种非正态尾部特征和混合 Copula 函数，可以更准确地刻画变量间的相关性，建立了预测投资组合风险值的模型，并对由上证指数和深成指数构成的投资组合的风险值进行度量，给出了在风险值最小条件下的最佳投资权重，丰富了风险值的预测方法。具体做法分为两部分：一是采用 GARCH 类模型处理资产收益率时间序列数据，建立边缘分布模型；二是采用基于肯德尔秩相关系数构造的混合 Copula 函数，作为刻画投资组合中成分资产间相依结构的 Copula 函数，建立 Copula 模型。再用蒙特卡罗模拟法估计出不同权重下投资组合的风险值，最后在风险值最小化的原则下给出最佳投资权重，为投资者提供一定的投资建议。

第 5 章 基于极值理论的藤 Copula 模型的构建及实证分析

本书的第 3 章和第 4 章采用二元 Copula 函数来刻画二元变量间相依结构，展现了 Copula 函数在描述变量间非线性和非对称关系时的优势。但前面讨论的各种 Copula 模型的构建都仅仅局限于二维情形，而现实中的金融市场中往往需要考虑的是多种变量间的相依结构，对于成分资产超过两种的投资组合的市场风险度量，通常做法是采用高维的 Copula 函数来刻画相依结构。但是，这些变量间的相依结构往往是不同的，高维的 Copula 函数很难全面、准确地描述出它们间的结构。为了克服多元 Copula 函数在描述变量间相依结构上的不足，乔（1996）提出了一种 pair-Copula 分解方法，百德福德（2001）结合 pair-Copula 分解方法和藤结构构建了藤 Copula 模型。很多学者将该模型应用到实证分析中，这种方法也常被称为藤 Copula 方法。本章的内容就是采用此方法来研究多元资产组合的市场风险问题。

5.1 本章的研究背景

对于投资者和投资机构而言，为了降低风险，常常需要将资产进行分散投资，即所谓的"鸡蛋不能放在同一个篮子里"。这样如何既方便又准确地预测多元的投资组合的市场风险显得非常重要，前面所讨论的 Copula 理论就是被广泛用来建立预测多元投资组合的一个风险模型工具。对于多元投资组合的资产相关结构的研究若仅仅使用某一个或某一类（如 Archimedean Copula 函数）Copula 函数，往往存在很大局限性：直接用多元 Copula 函数描述变量间相依结构时，并没有考虑实际情况中各变量间的相关性可能并不完全相同，这样在维数超过二维时可能会导致模型描述的相依结构与实际结构存在较大的偏差。具体来说，若使用多元 Archimedean Copula 函数作为变量间联结函数时，所有变量都是等价的，但实际中并不是所有的资产变量都是符合某一特定的 Copula 函数；若使用多元正态 Copula 函数时，虽然可以刻画变量间的非线性相依结构，但它却忽略了尾部相依关系；若采用多元 t-Copula 函数，只能描述对称的尾部相依情形，而实际上金融数据的尾部相关性往往是非对称的。总之，若采用一个多元 Copula 函数来刻画变量结构时，隐含着变量两两之间具有相同相依结构的假设，没有考虑到各变量间相关结构的差异性，而投资者和投资机构为了分散风险，常常持有由不同类别和风格迥异的资产构成的异质投资组合，各种不同资产间的相关结构上的差异是显然存在的。为了准确度量一个多元投资组合的市场风险，需要建立一个考虑变量间相关结构差异性的 Copula 模型，现在应用广泛的 pair-Copula 方法就解决了这一问题。它实际上是一种模块化的建模方法，利用基于条件独立构造模块对变量间的相依结构建模，主要思想是将多元 Copula 密度函数分解为一些二元 Copula 函数（也就是所谓的 pair-Copula 函数）密度函数和各边缘分布函数的乘积。在 pair-Copula 分解方法的基础上，学者们又提出了采用藤结构将多元 Copula 密度函数分解为一些二元 Copula 密度函数，这样进行的高维 Copula 函数建模更具有灵活性和有效性。该方法一经提出就在理论研究和实证分析两方面引起了广泛的关注，吸引了很多研究者对此方法进行理论研究和实证分析。国内有关藤 Copula 方法的研究也为丰富领域的研究内容作出了贡献。

5.2 藤 Copula 模型

5.2.1 多元 Copula 密度函数的分解

藤 Copula 模型是以基于 Sklar 分解定理的 pair-Copula 分解方法为基础建立

的模型，pair-Copula 方法是将多元密度分布按照某一结构分解成一些二元 Copula 函数（即所谓的 pair-Copula 函数）的联合密度函数和单变量的密度函数的乘积，从而实现降维的目的。为了简单起见，下面以三元随机变量为例来说明 pair-Copula 分解过程。假定 (x_1, x_2, x_3) 为一个三元随机变量，$f(x_1, x_2, x_3)$ 为其联合密度函数，$f(x_1)$，$f(x_2)$，$f(x_3)$ 为对应的边缘密度函数，$F(x_1)$，$F(x_2)$，$F(x_3)$ 为对应的边缘分布函数。

记二元 Copula 函数和条件 Copula 函数的密度函数分别为：

$$f(x, y) = c(F(x), F(y))f(x)f(y) \tag{5.1}$$

$$f(x, y | z) = c(F(x | z), F(y | z))f(x | z)f(y | z) \tag{5.2}$$

根据链式法可以对三元随机变量 (x_1, x_2, x_3) 的联合密度函数分解如下式：

$$f(x_1, x_2, x_3) = f(x_1)f(x_2 | x_1)f(x_3 | x_1, x_2) \tag{5.3}$$

其中：

$$f(x_2 | x_1) = f(x_1, x_2)/f(x_1) = c_{12}(F(x_1), F(x_2))f(x_2) \tag{5.4}$$

$$
\begin{aligned}
f(x_3 | x_1, x_2) &= f(x_2, x_3 | x_1)/f(x_2 | x_1) \\
&= c_{23|1}(F_{2|1}(x_2 | x_1), F_{3|1}(x_3 | x_1))f(x_3 | x_1) \\
&= c_{23|1}(F_{2|1}(x_2 | x_1), F_{3|1}(x_3 | x_1))c_{13}(F_1(x_1), F_3(x_3))f(x_3)
\end{aligned}
\tag{5.5}
$$

由式（5.3）、式（5.4）和式（5.5）可以得到三元联合密度函数的分解公式：

$$
\begin{aligned}
f(x_1, x_2, x_3) = {} & c_{12}(F_1(x_1), F_2(x_2))c_{13}(F_1(x_1), F_3(x_3)) \\
& c_{23|1}(F_{2|1}(x_2 | x_1), F_{3|1}(x_3 | x_1))f(x_1)f(x_2)f(x_3)
\end{aligned}
\tag{5.6}
$$

以上就采用 pair-Copula 方法将一个三元随机变量分解成二元（条件）Copula 函数和边缘分布密度的乘积的过程，也就实现了降维，其中 c_{12}、c_{13} 和

$c_{23|1}$ 就是所谓的 pair-Copula 函数。实际上，该方法可以类似的推广到更高维的联合密度分布函数的分解。

pair-Copula 分解方法实现了多元密度分布函数的降维，从式（5.6）可以看出有两个关键的问题待解决：①二元 Copula 函数的选择；②分解结构的选择。问题①的解决相对较为容易，在第 3 章中有关最优 Copula 函数选择内容中已有具体介绍，本章借鉴很多文献中采用的方法，将最小信息量准则作为选择 pair-Copula 函数的标准。具体的，最小信息量准则由下式给出：

$$AIC = -2\sum_{i=1}^{N} \ln\big[\,(c(u_1,u_2;\theta)\,\big] + 2k \qquad (5.7)$$

其中：u_1 和 u_2 为 $[0,1]$ 上服从均匀分布的随机变量，θ 为 pair-Copula 函数的参数，k 为参数的个数。

最小信息量准测是指选择一个使得 AIC 值最小的 Copula 函数作为两两变量间的 pair-Copula 函数。

问题②也就是藤结构的选择问题，本章采用的是百德福德等（Bedford et al.，2001）提出的一种藤结构方法进行选择，下面进行具体介绍。

5.2.2 藤结构

藤（vine）本身是图像学中用来描述结构特征的一种图形工具，它通过树、枝和节点来描述结构特征，能够用直观明了的图形来描述变量间复杂的相关结构，被广泛应用到金融领域。藤 Copula 结构主要有 C 藤、D 藤和 R 藤三种，目前国内外文献中，对藤 Copula 模型的理论研究和实证分析，大多是集中在 C 藤结构和 D 藤这两种特殊的藤结构上，而有关 R 藤结构的研究不多。C 藤结构是一种星状结构，它有一个中心节点与其他所有的节点相连接。而 D 藤结构则是一种线型结构，它的每个节点都至多与其他两个节点相连。图 5-1 和图 5-2 分别给出了一个五维的 C 藤和 D 藤结构。需要说明的是，它们给出的分别只是 C 藤和 D 藤结构中的一种情形，节点除了图中给出的之外，也可以是其他的变量。

从图 5 - 1 和图 5 - 2 可以看出，C 藤和 D 藤结构由于假设了节点间的连接方式，虽可以较好地描述变量间的相依结构，但是由于它们结构的特殊性未必能很准确地刻画出实际金融变量间的复杂相依结构，从而使得它们的应用受到了一些限制。而 R 藤结构事先并没有假定藤具体结构特征，它包含了多元随机变量间的各变量间所有可能的 pair-Copula 结构的分解结构，显然 C 藤和 D 藤是它的两种特殊结构的图解模型。R 藤结构可以克服 C 藤和 D 藤结构具有特殊性的不足，有更为广泛的应用范围。

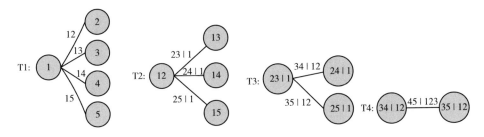

图 5 - 1　五维 C 藤结构

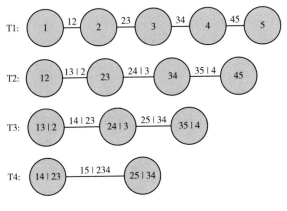

图 5 - 2　五维 D 藤结构

综上所述从藤结构的情况可知，R 藤相对于 C 藤和 D 藤更具一般性。接下来主要结合第 5.2.1 节中的 pair-Copula 方法介绍多元 Copula 函数的 R 藤分解方法，而 C 藤和 D 藤的分解可以看出是 R 藤的特殊情况。

R 藤是一种最一般化的藤结构，这里概括描述一个 n 元 R 藤结构满足以下 3 个条件：第一层树 T_1 有 n 个节点，所有的边在集合 E_1 内；第 i 层树 T_i 上的节点为 N_i，所有的边在集合 E_i 中，且有 $N_i = E_{i-1}$，其中 $i = 2$，3，$\cdots$，$n-1$；若第 i 层树中的两条边 $E_{i,m}(a_1, a_2)$，$E_{i,n}(b_1, b_2)$ 在下一层即第 $i+1$ 层树中被一条边连接，则它们必有一个共同的节点，这个条件也被称为近邻条件。这里每条边用其连接的两个节点表示，如 $E_{i,k(a,b)}$ 表示第 i 层树中的第 k 条边，该边连接的节点是 a 和 b。

C 藤作为 R 藤的一种特殊结构，可以简单描述为第 i 层的每棵树都有唯一一个节点与 $n-i$ 条边相连的 R 藤，形象地说也就是每一棵树都是星形结构。类似的，D 藤的每棵树都是线形结构，即每棵树的每一节点都最多与两条边相连的 R-藤。其实从图 5-1 给出 C 藤和图 5-2 给出的 D 藤结构图，可以清楚看出 C 藤的星形特征和 D 藤的线形特征。

结合前面有关的 pair-Copula 分解理论和藤结构理论，用描述性的语言给出 R 藤 Copula 模型的结构特点。一个满足下面结构的 n 维 Copula 函数的分解方法可以称之为 R 藤 Copula 模型：（1）模型共由 $n-1$ 棵树组成；（2）第 i 层的树有 $n-i+1$ 个节点和 $n-i$ 条边，$i = 1$，2，$\cdots$，n；（3）第 $i+1$ 层的树的节点是上一层即第 i 层的树的边，且第 i 层树中的由同一节点相连接的两边在第 $i+1$ 层是由同一条边连接的两个节点；（4）每一层树的每条边都对应一个二元 Copula 密度函数。

这样可以看出整个 R 藤 Copula 模型由 $n(n-1)/2$ 个二元 Copula 函数的密度函数（每个密度函数就是模型中的一条边）和 n 个一元密度函数来构成的，换言之，它们确定了一个 R 藤 Copula 结构。

图 5-3 给出了一个五维的 R 藤结构图形。需要说明的是，随着不同节点选择和边连接方式的变化，R 藤的结构会有很多种，下图只是其中一种情形。

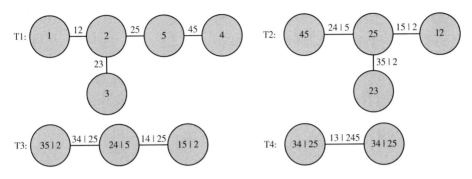

图 5 – 3　五维 R 藤结构

5.2.3　藤 Copula 模型的概率密度分解公式

以图 5 – 1 中的五维 C 藤、图 5 – 2 中的五维 D 藤结构和图 5 – 3 中的五维 R 藤结构为例，给出藤 Copula 模型的概率密度分解公式。

为了简单起见，这里记 $f_i(\cdot)$ 为每个变量的概率密度函数，$F_i(\cdot)$ 为每个变量的边缘分布函数，$F_{\cdot|\cdot}(\cdot|\cdot)$ 为条件分布函数，$c_{ij}(\cdot,\cdot)$ 为二元 Copula 概率密度函数，$c_{\cdot|\cdot}(\cdot|\cdot)$ 是条件 Copula 密度函数，其中 $i=1$，2，3，4，5，$j=1$，2，3，4，5。

（1）图 5 – 1 中五维 C 藤 Copula 模型的分解表达式：

$$
\begin{aligned}
f(x_1,x_2,x_3,x_4,x_5) =\ & f_1(x_1)f_2(x_2)f_3(x_3)f_4(x_4)f_5(x_5) \times c_{12}(F_1(x_1),F_2(x_2))c_{13}(F_1 \\
& (x_1),F_3(x_3))c_{14}(F_1(x_1),F_4(x_4))c_{15}(F_1(x_1),F_5(x_5)) \times c_{23|1}(F_{2|1}(x_2|x_1),F_{3|1} \\
& (x_3|x_1))c_{24|1}(F_{2|1}(x_2|x_1),F_{4|1}(x_4|x_1))c_{25|1}(F_{2|1}(x_2|x_1),F_{5|1}(x_5|x_1)) \times \\
& c_{34|12}(F_{3|12}(x_3|x_1,x_2),F_{4|12}(x_4|x_1,x_2))c_{35|12}(F_{3|12}(x_3|x_1,x_2),F_{5|12}(x_5|x_1,x_2)) \times \\
& c_{45|123}(F_{4|123}(x_4|x_1,x_2,x_3),F_{5|123}(x_5|x_1,x_2,x_3))
\end{aligned}
$$

(5.8)

（2）图 5 – 2 中五维 D 藤 Copula 模型的分解表达式：

$$
\begin{aligned}
f(x_1,x_2,x_3,x_4,x_5) =\ & f_1(x_1)f_2(x_2)f_3(x_3)f_4(x_4)f_5(x_5) \times c_{12}(F_1(x_1),F_2(x_2))c_{23}(F_2 \\
& (x_2),F_3(x_3))c_{34}(F_3(x_3),F_4(x_4))c_{45}(F_4(x_4),F_5(x_5)) \times c_{13|2}(F_{1|2}(x_1|x_2),F_{3|2} \\
& (x_3|x_2))c_{24|3}(F_{2|3}(x_2|x_3),F_{4|3}(x_4|x_3))c_{35|4}(F_{3|4}(x_3|x_4),F_{5|4}(x_5|x_4)) \times
\end{aligned}
$$

$$c_{14|23}(F_{1|23}(x_1|x_2,x_3),F_{4|23}(x_4|x_2,x_3))c_{25|34}(F_{2|34}(x_2|x_3,x_4),F_{5|34}(x_5|x_3,x_4)) \times$$

$$c_{15|234}(F_{1|234}(x_1|x_2,x_3,x_4),F_{5|234}(x_5|x_2,x_3,x_4)) \tag{5.9}$$

(3) 图 5 – 3 中五维 R 藤 Copula 模型的分解表达式：

$$f(x_1,x_2,x_3,x_4,x_5)=f_1(x_1)f_2(x_2)f_3(x_3)f_4(x_4)f_5(x_5) \times c_{12}(F_1(x_1),F_2(x_2))c_{23}(F_2$$

$$(x_2),F_3(x_3))c_{25}(F_2(x_5),F_5(x_5))c_{45}(F_4(x_4),F_5(x_5)) \times c_{15|2}(F_{1|2}(x_1|x_2),F_{5|2}$$

$$(x_5|x_2))c_{24|5}(F_{2|5}(x_2|x_5),F_{4|5}(x_4|x_5))c_{35|2}(F_{3|2}(x_3|x_2),F_{5|2}(x_5|x_2)) \times$$

$$c_{14|25}(F_{1|25}(x_1|x_2,x_5),F_{4|25}(x_4|x_2,x_5))c_{34|25}(F_{3|25}(x_3|x_2,x_5),F_{4|25}(x_4|x_2,x_5)) \times$$

$$c_{13|245}(F_{1|245}(x_1|x_2,x_4,x_5),F_{3|245}(x_3|x_2,x_4,x_5)) \tag{5.10}$$

5.2.4　藤 Copula 模型的计算步骤

从上面的内容可以看出，R 藤 Copula 模型的结构有很多种，欲求解该模型，首先要解决节点的选择问题，本章采用的是迪斯迈恩等（Dissmann et al.，2013）提出的最大生成树的算法来确定藤 Copula 模型中各节点所对应的变量。该算法采用肯德尔秩相关系数作为判断两两变量间相依结构的工具。该算法的大概思路如下：

第一步，确定第一层树的结构。计算出所有变量两两之间的肯德尔秩相关系数值，在可以取到所有的变量前提下，以使所有相关系数绝对值之和最大的生成树作为第一层树的结构。

第二步，确定第一层的 pair-Copula 函数。对第一步选定的生成树中的每条边上的两变量，采用最小信息量准则选出最优 Copula 函数作为它们间的 pair-Copula 函数，并根据 Sklar 定理求出对应的条件边缘分布函数。

第三步，确定第二层树的结构。将第一层树中的边作为变量，再求出各条件变量间的两两肯德尔秩相关系数，和第一步相同，肯德尔秩相关系数的绝对值最大的生成树作为第二层树的结构。

第四步，确定第二层的 pair-Copula 函数，方法同第二步。

重复第三步和第四步，直到仅剩两个节点一条边位置，这样可以得到每层生成树的结构以及各条边对应的 pair-Copula 函数。

第五步，根据第 5.2.3 节中的概率密度分解公式，就可以通过边缘密度函数和 pair-Copula 函数写出所要求解的随机变量联合密度函数的分解表达式。

5.3   基于极值理论的边缘分布模型建立

为了刻画出金融市场的资产对数收益率所具有尖峰厚尾、非对称、波动集聚性等一些特征，这里采用了第 2 章中介绍的 GARCH-POT 模型先对收益率序列进行建模。

由于本书主要考虑度量风险值大小，所以研究对象是资产的损失函数。为了简便起见，这里考虑资产的负收益率。对于单变量的资产负收益率序列 $\{r_t\}$，$t=1$，2，$\cdots$，T，先建立 GARCH 类模型。事实上，在实证分析时，需要根据数据的实际情况选用一种最合适的 GARCH 类模型，这里先以 GARCH $(1,1)$ 模型为例进行说明：

$$\begin{cases} r_t = \mu_t + a_t \\ a_t = \sigma_t \varepsilon_t \\ \sigma_t^2 = \omega + \alpha a_{t-1}^2 + \beta \sigma_{t-1}^2 \end{cases} \tag{5.11}$$

其中：μ_t 是 r_t 的条件均值，a_t 为负收益率残差，σ_t 为 r_t 的条件标准差。

若记在给定 $t-1$ 时刻已知的信息集 F_{t-1} 时 r_t 的条件均值和条件方差分别为 μ_t 和 σ_t^2，即 $\mu_t = E(r_t \mid F_{t-1})$，$\sigma_t^2 = Var(r_t \mid F_{t-1})$。

由于预测的是风险值，也就是投资组合的损失函数的右尾分布情况，接下来再对 GARCH $(1,1)$ 模型过滤后得到的新息序列建立超阈值模型——POT 模型。超阈值模型是对超过某一阈值的所有观测数据建模，该模型认为在时间序列独立同分布的条件下，超过给定合适的阈值那些极端数据的超越量服从广义帕累托分布，这样可以利用超阈值模型来拟合超过阈值部分数据的分布函数。为了避免假定数据服从某种给定分布而可能造成的误差，这里对于不超过阈值部分数据采用经验分布函数建模，再结合上述超阈值模型，就可以得到收益率序列的边缘分布函数。

下面以考虑序列的右尾情况为例，给出边缘分布模型的具体表达式：

$$\hat{F} = \begin{cases} G_\xi (x - u_n)(1 - \widetilde{F}(u_n)) + \widetilde{F}(u_n), & x > u_n \\ \widetilde{F}(x), & x \leqslant u_n \end{cases} \tag{5.12}$$

其中：$\widetilde{F}(x)$ 为经验分布函数，u_n 为阈值，$G_\xi(x)$ 为广义帕累托分布函数。

需要说明的是，也可以直接对各成分资产的收益率序列进行边缘分布建模。只不过需要注意的是与上文中相反，在对经 GARCH 类模型过滤后的新息序列序列建立超阈值模型时，考虑的是左尾部分。

5.4   模拟预测投资组合风险值的步骤

第 5.2 节和第 5.3 节已经分别对投资组合的成分资产间的相依结构和各成分资产的边缘分布建立了模型。接下来需要解决的问题是，根据该模型预测出由多资产组成投资组合风险值的大小，由于通过藤 Copula 模型获得的多元分布函数往往没有明确的解析式，需要通过数值模拟预测投资组合的风险值。本节中为了描述简便起见，假设每种成分资产是等权重的。整个模型可以总结为：首先利用 GARCH-POT 模型为各成分资产负收益率建模，得出边缘分布；其次根据藤 Copula 模型刻画出各成分资产间相依结构，模拟出等权重的投资组合的负收益率值；最后再预测投资组合的风险值。

这里用 $G(\cdot)$ 表示投资组合负收益的联合分布函数，$G_i(\cdot)$ 表示第 i 个成分资产负收益率的边缘分布函数（标准残差序列或新息序列的边缘分布），$i = 1, 2, \cdots, s$，C_{vine} 指藤 Copula 函数（可以是 C 藤、D 藤或者 R 藤），R_j 表示第 j 次模拟出的资产组合的负收益率，$j = 1, 2, \cdots, N$。下面再给出模型在实证分析中的具体应用步骤：

第一步，各成分资产边缘分布建模。先采用成分资产负收益率序列 R_{i1}，R_{i2}，$\cdots$，R_{iT}估计出 GARCH-POT 模型中的各参数值，得到各成分资产的新息序列（标准残差序列）z_{1t}，z_{2t}，$\cdots$，z_{st}，$t=1$，2，$\cdots$，T，再通过概率积分变换获得藤 Copula 建模是需要的数据 $G_1(z_{1t})$，$G_2(z_{2t})$，$\cdots$，$G_s(z_{st})$。

第二步，以数据 $G_1(z_{1t})$，$G_2(z_{2t})$，$\cdots$，$G_s(z_{st})$，其中 $t=1$，2，$\cdots$，T，为基础，根据第 5.3 节中藤 Copula 模型的计算方法，按照极大似然法根据最小信息量准则选择 pair-Copula 函数，估计出藤 Copula 函数中各参数值。

第三步，模拟各成分资产负收益率。首先用蒙特卡罗模拟法生成服从估计出的藤 Copula 函数的服从均匀分布的随机向量；其次通过概率变换的逆变换将模拟出来的向量转化为新息序列；最后利用边缘分布函数的逆函数将各成分资产的新息序列转化为负收益率序列，并预测出后一天的负收益率值 $R_{i,T+1}$，$i=1$，2，$\cdots$，s。

第四步，预测等权重资产组合负收益率的分位数即投资组合的风险值。重复上述第三步 N 次，获得第 i 个成分资产在第 $T+1$ 天的模拟负收益率情景 $R_{i,T+1}^1$，$R_{i,T+1}^2$，$\cdots$，$R_{i,T+1}^N$，$i=1$，2，$\cdots$，s，进而得到等权重的投资组合的模拟负收益率情景 $\dfrac{1}{s}\sum\limits_{i=1}^{s} R_{i,T+1}^1$，$\dfrac{1}{s}\sum\limits_{i=1}^{s} R_{i,T+1}^2$，$\cdots$，$\dfrac{1}{s}\sum\limits_{i=1}^{s} R_{i,T+1}^N$，根据风险值的定义，可以估计出风险值的值。

5.5　实　证　分　析

在前面分别建立了边缘分布模型和成分资产间相依结构模型的基础，本小节将上面的模型应用到实证分析中。实证以一个来自亚洲各经济体主要股票市场指数的构成的一个五元投资组合为例，说明模型具体的应用过程。同时，通过拟合度检验比较几个模型在拟合成分资产间相依结构时的优劣，最后通过风险值的回测检验来比较说明各模型使用的效果。

在进行实证分析之前，根据前面建立的模型以及给出的算法，为了使实证分析的具体流程更加清晰，下面给出了实证分析的步骤（见图 5 - 4）。

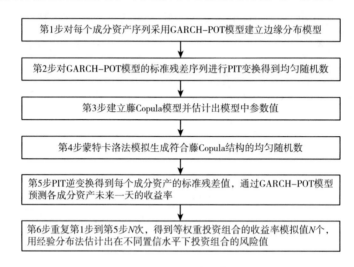

第1步对每个成分资产序列采用GARCH-POT模型建立边缘分布模型

第2步对GARCH-POT模型的标准残差序列进行PIT变换得到均匀随机数

第3步建立藤Copula模型并估计出模型中参数值

第4步蒙特卡洛法模拟生成符合藤Copula结构的均匀随机数

第5步PIT逆变换得到每个成分资产的标准残差值，通过GARCH-POT模型预测各成分资产未来一天的收益率

第6步重复第1步到第5步*N*次，得到等权重投资组合的收益率模拟值*N*个，用经验分布法估计出在不同置信水平下投资组合的风险值

图 5 - 4 实证分析步骤

5.5.1 数据选取及描述统计

为了尽量分散投资的风险，投资者和投资机构在选择投资组合时会需要考虑投资组合的异质性，即各成分资产间需要存在一定的差异性。出于投资组合的异质性考虑，本节选用来自在亚洲股市有典型代表性的 5 只主要股市指数，即中国上证综合指数（记作 SSE）、中国香港恒生指数（记作 HIS）、中国台湾加权指数（记作 TWII）、日本日经 225 指数（记作 N225）和韩国首尔综合指数（记作 KS11）作为投资组合的成分资产，可以看出该组合覆盖了亚洲主要经济体的股票市场，由它们组成的投资组合具有一定分散风险的能力。研究该投资组合的市场风险，不仅可以预测风险值，为投资者或投资机构控制风险提供建议；也有利于了解亚洲各股市间风险的相依性，为各经济体的股票市场监管机构防范和应对大面积的股票市场的大波动提供建议。这里选用各组数据的时间是自 2006 年 1 月 1 日至 2014 年 9 月 30 日。针对本书研究目标的风险值可以理解为是收益函数（负损失函数）的分位数，首先计算出各成分资产的日对数收益率即：$r_t = \ln(P_{t+1}/P_t)$，这样就得到 5 个成

分资产的负对数收益率数据序列，剔除交易日期不统一等无效数据后，得到共计 1927 组有效数据，其中每组有 5 个数据。接下来就是采用前面建立的藤 Copula 模型来分析这些数据，希望能够在知道各成分资产已经发生的收益率情况下，预测模拟出集成后的投资组合的市场风险大小（这里用风险值来刻画市场风险大小）。如前面建模中所言，为了描述方便，这里的投资组合采用的是各成分资产投资额等权重的方式组合而成。

在进行更深入地实证分析之前，首先看一下数据的描述性统计结果，具体如表 5 – 1 所示。

表 5 – 1　　　　　　　　　　　　样本数据的描述性统计结果

成分资产	均值	标准差	偏度	峰度	J – B 统计量
SSE	0.000360	0.018034	– 0.264654	3.265761	882.2728 ***
HIS	0.000213	0.017572	0.119435	8.514089	5841.271 ***
TWII	0.000158	0.013995	– 0.382679	5.464119	2452.062 ***
N225	– 0.000006	0.016827	– 0.667766	5.532633	2609.046 ***
KS11	0.000189	0.014846	– 0.623902	7.505069	4660.883 ***

注：*** 表示在 1% 的显著性水平下显著。

从表 5 – 1 所示的统计结果可以看出，5 个成分资产的日对数收益率序列（为方便起见，后文均称为成分资产序列）都具有有偏、尖峰、厚尾等性质。而它们的 J – B 统计量值表明拒绝序列服从正态分布的假定，所以在边缘分布建模时，不能像传统方法一样直接简单选取正态分布作为假定分布。

5.5.2　边缘分布模型

通过对各成分资产序列进行平稳性和异方差性检验，发现各序列是平稳的、有异方差性。根据前面的叙述，GARCH 类模型能够刻画数据的时序性特征，这里可以采用 GARCH 模型过滤数据。由表 5 – 1 的结果可以看出各成分资产序列都具有有偏、尖峰、厚尾性，为了突出序列的有偏特征，本节选用 EGARCH (1, 1) – 偏 t 模型来过滤数据。这里简单给出 EGARCH (1, 1) 模型的数学表达式：

$$\begin{cases} r_t = \mu + a_t \\ a_t = \sigma_t z_t, z_t \sim st_{d,v} \\ \ln\sigma_t^2 = \omega + \alpha_1 z_{t-1} + \gamma_1 (\,|z_{t-1}| - E(\,|z_{t-1}|\,)\,) + \beta_1 \ln\sigma_{t-1}^2 \end{cases} \tag{5.13}$$

各成分资产的 EGARCH 模型参数估计结果如表 5 – 2 所示。

表 5 – 2   EGARCH 模型参数估计结果

各成分资产	μ	ω	α_1	β_1	v	d
SSE	0.00024	− 0.22010 **	− 0.01843	0.97297 **	0.94159 **	4.46338 **
HIS	0.00033	− 0.13364 **	− 0.07573 **	0.98544 **	0.92892 **	6.51527 **
TWII	0.00021	− 0.49171 **	− 0.11799 **	0.94395 **	0.85672 **	4.78085 **
N225	0.00005	− 0.31197 **	− 0.10102 **	0.96313 **	0.89089 **	10.73032 **
KS11	0.00003	− 0.22466 **	− 0.10708 **	0.97435 **	0.83995 **	6.94158 **

注：** 表示在5%的显著性水平下显著。

从表 5 – 2 中各序列的参数 α_1 的估计值都小于 0，说明成分资产是序列都具有显著的杠杆效应，因此选用 EGARCH 模型建模是合适的。而参数估计结果中绝大部分结果在 5% 的显著性水平下是显著的，这样可以认为能接受模型的参数估计结果。

接下来再对 EGARCH 模型过滤后得到的标准残差序列（新息序列）进行自相关检验和异方差检验。结果表明，新息序列可以认为是渐近独立、不含异方差性的。根据第 2 章介绍的极值理论中超阈值模型使用的条件，表明可以对新息序列建立超阈值模型，由于本节使用的是成分资产的对数收益率作为原始数据，而需要考虑的是风险值，这里的阈值采用很多文献中使用的左尾 10% 处作为阈值。

根据第 5.3 节中介绍的边缘分布建模方法，这里的边缘分布函数的表达式只需将式（5.12）中的右尾改成左尾，具体表示如下：

$$\hat{F} = \begin{cases} \tilde{F}(u_n) \times (1 + \xi \dfrac{u_n - x}{\beta}), & x \leqslant u_n \\ \tilde{F}(x), & x > u_n \end{cases} \tag{5.14}$$

其中：u_n 为阈值，$\tilde{F}(x)$ 为经验分布函数，ξ 和 β 分别为广义帕累托分布的形状参数和位置参数。

各成分资产超阈值模型估计结果如表 5－3 所示，至此边缘分布模型建立过程结束。

表 5－3 各成分资产超阈值模型参数估计值

各成分资产	SSE	HIS	TWII	N225	KS11
ξ	0.108516	0.063044	0.049579	0.134597	0.149549
β	0.751655	0.622988	0.7612273	0.484782	0.805127

为了说明广义帕累托分布拟合样本数据的尾部效果，图 5－5 以中国香港恒生指数为例，给出了广义帕累托分布拟合诊断图，可以看出数据尾部拟合效果较理想，超阈值模型的应用合适。其他 4 种指数也有类似的结论。

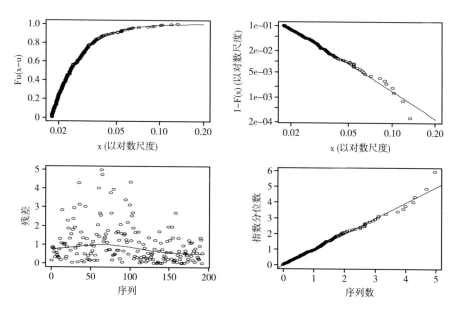

图 5－5 中国香港恒生指数新息序列广义帕累托分布拟合诊断

5.5.3 藤 Copula 模型估计

本节主要内容是成分资产间相依结构建模。采用边缘分布模型后得到各收益率序列的新息序列，对新息序列进行概率积分变换，通过对变换后的序列进行相关性检验，发现各序列均不能拒绝不相关假定，从而可认为序列是独立的；再对变换后序列进行 K－S 检验，检验结果也不能拒它们服从均匀分布的假定，故变换后的序列可作为藤 Copula 模型建模的输入变量，用来估计藤 Copula 结构以及各 pair-Copula 函数。

采用第 5.2 节中估计藤 Copula 结构的算法，利用二阶段极大似然法进行参数估计，可以得到序列的相依结构和各 pair-Copula 函数参数的估计结果，这里列出采用 R 藤 Copula 结构建模的相应结果（见表 5－4）。

表 5－4 　　　　　　　　　　R-vine Copula 估计结果

节点	pair-Copula 函数	参数	参数 2	秩相关系数 τ
SSE，HIS	t-Copula	0.50	19.70	0.34
TWII，KS11	t-Copula	0.70	7.56	0.49
HIS，KS11	t-Copula	0.66	8.77	0.46
KS11，N225	t-Copula	0.65	5.98	0.45
SSE，KS11 | HIS	t-Copula	0.03	16.43	0.02
TWII，HIS | KS11	t-Copula	0.29	10.27	0.19
HIS，N225 | KS11	t-Copula	0.29	22.12	0.19
SSE，TWII | KS11，HIS	Joe Copula	1.02	—	0.01
TWII，N225 | HIS，KS11	t-Copula	0.16	22.26	0.10
SSE，N225 | TWII，KS11，HSI	Frank Copula	－0.13	—	－0.01

注：SSE，KS11 \| HIS 表示节点 SSE \| HIS 和 KS11 \| HIS，其他类似。

通过表 5－4 可以看到，pair-Copula 的选择时大部分都是二元 t-Copula 函数。这说明大部分变量或是条件变量间都是对称尾部相关的。而在 SSE、N225 \| TWII、KS11、HSI 之间的 pair-Copula 函数是 Frank 函数，说明两个条件变量尾部是渐渐独立的，并且其系数估计值为负数，表明了条件变量间是负相关关系。从表 5－4 可以看出这些变量之间的相依结构存在，传统方法中用

一个多元 Copula 函数来刻画这几个成分资产的相依结构不一定合适，本节采用藤 Copula 结构对成分资产建模是必要的。本节同时还对 R 藤 Copula 模型的结果进行了拟合优度检验，这采用的是 K – S 检验方法，对应的统计量值为 1.137（P 值为 0.945），可以看出 R 藤 Copula 模型的拟合效果很理想。

为了更清楚地看出 R 藤 Copula 模型的结构，下面根据 R 藤 Copula 模型的估计结果，画出该投资组合的 R 藤结构图（见图 5 – 6）。

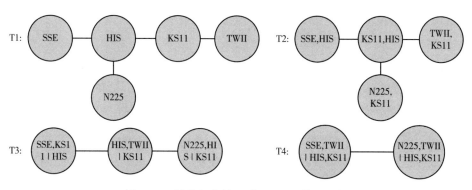

图 5 – 6　投资组合的 R 藤 Copula 模型结构

本节还采用了 C 藤 Copula 和 D 藤 Copula 模型进行了数据建模，节点的选择标准和参数的估计方法都采用的与 R 藤 Copula 模型类似。另外，为了将藤 Copula 方法与传统的多元 Copula 方法的拟合效果进行比较，本节也采用了两种常见的多元 Copula 函数（正态 Copula 函数和 t-Copula 函数）对数据进行了分析。为了比较各模型拟合的效果，表 5 – 5 分别给出了利用不同结构下的藤 Copula 模型和多元 Copula 模型下的拟合效果的不同指标值。

表 5 – 5　　　　　　　　　不同 Copula 模型的拟合效果比较

模型	R 藤 Copula	C 藤 Copula	D 藤 Copula	多元正态 Copula	多元 t-Copula
极大似然值	2187.311	2186.562	2183.407	2071.497	2084.660
AIC	– 4337.813	– 4334.786	– 4332.814	—	—
K – S 统计量	1.137089	2.769052	7.775390	—	—
EPC2 统计量的对应 P 值	0.945	0.595	0.310	—	—

从表 5 - 5 可以看出，基于 R 藤结构的模型无论是基于极大似然值的指标，还是基于最小信息量准则，它都要比 C 藤和 D 藤的拟合结果要优，从这两个指标可以判断得到基于 R 藤相依结构的模型能够最大化地提取数据所包含的信息，这可能也归功于 R 藤结构没有事先预定各成分资产间的生成树结构图，可以避免一些由于假设不准确而造成的估计偏差。另外，本节还进行了基于斯普奇斯迈尔（Schepsmeier，2013）提出的 ECP2 检验统计量的拟合优度检验。表 5 - 5 也列出了该拟合优度检验的统计值和对应的 P 值，也可以看出 R 藤 Copula 结构的模型对应的 P 值最大，即被拒绝的概率最小，从而也说明了该模型拟合效果是最好的。

与单一的多元 Copula 模型相比较，三种藤 Copula 模型的极大似然值都大于正态 Copula 函数和 t-Copula 函数模型的极大似然值，也就是说藤 Copula 模型的拟合效果要优于单一多元 Copula 模型。这也许是由于藤 Copula 模型考虑了各成分资产间的相依结构的异质性（事实上，藤 Copula 中各藤 Copula 函数的估计结果也说明了这一点），更符合金融数据的现实特征，从而减少一些估计偏差，提高拟合优度。

有了以上的这些准备工作，下面可以进行风险值的模拟估计以及回测检验。

5.5.4 风险值的估计结果和回测检验

本节主要是按照第 5.4 节中模拟预测投资组合的风险值的具体步骤来估计投资组合的集成风险值。首先，根据不同藤结构的模型和估计出的参数结果，利用蒙特卡罗模拟的方法，得到满足模型中藤 Copula 结构或多元 Copula 结构的一组伪随机数，将之作为经过边缘分布建模后的各成分资产新息序列的模拟值。其次，通过 PIT 逆变换和边缘分布的逆变换将伪随机数转化为各成分资产收益的模拟值。再其次，按照等权重的组合方式，计算了投资组合的收益的模拟值。最后，重复以上过程 N 次，得到投资组合收益模拟值 N 个，根据经验分布函数法估计出在不同置信水平下的风险值。

本节中采用蒙特卡罗模拟法进行数据模拟，一共进行了 500 次模拟，利用模拟产生的投资组合的 500 个收益值，预测了在不同水平下的风险值，并对预测的风险值进行了回测检验。回测检验的具体做法是，用模拟出的风险值与实际收益率序列进行比较，统计实际收益率小于所计算的风险值的次数，实际收益小于风险值则称实验失效。按照第 2 章中介绍的风险值的检验方法，分析对象是收益函数时，若模型是合适的，实验失效的次数就接近预期的失败次数 $m\alpha$，失效次数服从二项分布 $B(m,\alpha)$，其中 m 是实验次数，α 是置信水平（这里置信水平一般是 1%，2.5%，5% 等）。除此方法之外，本节还采用了在风险值回测检验中使用非常频繁的 LR 统计量进行检验，LR 统计量是库比克（Kupiec，1995）提出的测试风险值衡量风险能力的失败频率检验法统计量，具体表达式为：

$$LR = 2\ln\left[(1-p)^{T-N}p^{N}\right] - 2\ln\left\{\left[1-(N/T)\right]^{T-N}(N/T)^{N}\right\} \qquad (5.15)$$

其中：p 表示给定的置信性水平，T 为总的实验次数，N 为实验成功的次数。

库比克指出，若风险值模型的预测是可接受的，则统计量 LR 服从 $\chi^2(1)$ 分布。

本节采用的是样本内回测，即将样本内的真实资产收益与预测的风险值进行比较，一共测试了最近的 1000 个数据，分别检验了在 99% 和 95% 置信水平下的模型有效性。具体的统计结果如表 5-6 所示。

表 5-6　　　　　　　不同结构模型的风险值检验结果

模型	预期失效次数	R 藤 Copula 失效次数	C 藤 Copula 失效次数	D 藤 Copula 失效次数	多元正态 Copula 失效次数	多元 t-Copula 失效次数
95% 置信水平	50	46	42	42	38	40
LR 的 P 值	—	0.557	0.233	0.233	0.070	0.133
90% 置信水平	10	8	4	5	3	4
LR 的 P 值	—	0.510	0.030	0.079	0.009	0.030

由于回测实验中共使用了 1000 组数据，这样理论上，在 99% 和 95% 置信

水平下的风险值失效次数分别为 10 个和 50 个。从表 5 - 6 中所列的结果可以看出，在 95% 的置信性水平下，各模型 LR 统计量的 P 值也都大于 0.05，即各模型都通过了风险值的回测检验，即在 95% 置信水平下几个 Copula 模型都可以较好地度量风险。但是，当置信性水平为 99% 时，仅有 R 藤 Copula 和 D 藤 Copula 模型的结果通过了风险值回测检验，并且 R 藤 Copula 模型下的风险值被接受的概率要远大于 D 藤 Copula 模型，因此是预测结果更稳健。C 藤 Copula 模型、多元正态 Copula 模型和多元 t-Copula 模型未来通过 99% 置信水平下的风险值的回测检验，而且是实际失效次数远远低于理论失效次数。这反映了三个模型都高估了风险值，若据此预测结果进行风险管理，则需要提供的保证金超过了真实需要的保证金，这样会导致占用了过多资本，造成资金使用效率减低，从而影响了整个投资的收益率。

巴塞尔协议中所建议的计算风险价值的标准中，99% 的显著性水平也是一个重要的建议水平。因此基于表 5 - 6 的回测检验结果，可以看出基于藤 Copula 结构模型的三种风险预测在本节实例中都是优于多元正态 Copula 函数和多元 t-Copula 函数方法的风险预测。尤其是 R 藤 Copula 模型度量无论是在高置信水平下还是较低置信水平下，模拟预测的投资组合的风险值效果都比较理想。而传统的多元正态 Copula 函数和多元 t-Copula 函数方法在本节实际案例中高估了风险，这不利于提高资本使用的效率。

5.5.5 结论

随着中国金融市场的不断发展，投资者和投资机构也越来越关注到资产的市场风险研究，希望通过市场风险管理能够尽可能地降低风险。市场风险管理的首要问题是如何准确估计出量化后的市场风险如风险值，对于一个投资组合来说，预测其风险值的一个重要问题就是如何准确刻画投资组合中各成分资产间的相依结构。有很多种统计模型可以用来对变量间的相依结构建模，其中包括藤 Copula 结构模型。藤 Copula 模型是一个引入金融风险度量研究中不久的一个工具。在目前文献中，有关它的应用以两类特殊的藤结构 C

藤和 D 藤结构为多，而结构更灵活的 R 藤结构研究并不多见。

　　本节主要采用的是三种藤 Copula 模型和对一个五元的投资组合的风险进行量化度量。该投资组合的成分资产是来自在亚洲股市有典型代表性的 5 只主要股市指数中国上证综合指数、中国香港恒生指数、中国台湾加权指数、日本日经 225 指数和韩国首尔综合指数。本节分两步对投资组合建模，首先对各成分资产的边缘分布建模，根据各成分资产序列的实际特征建立 EGARCH-POT 模型。其次是对各成分资产间的相依结构建模，分别尝试了 C 藤 Copula、D 藤 Copula 和 R 藤 Copula 三种藤 Copula 模型，多元正态 Copula 模型以及多元 t-Copula 模型。

　　在模拟投资组合的风险值时，采用的是蒙特卡罗模拟法，通过模拟出的投资组合的收益率来估计出组合收益的经验分布函数，再借助于经验分布函数来预测不同置信水平下的风险值。最后本节对各模型的预测结果进行了回测检验。

　　具体的实证分析表明：

　　（1）5 个股票价格指数都有尖峰、厚尾偏斜特征，并且除了上证综合指数外其他 4 个股票价格指数都具有显著的杠杆效应。

　　（2）在低置信水平（95%）下，基于藤 Copula 模型、传统多元正态 Copula 模型和多元 t-Copula 模型的预测结果，都可以通过检验，也就是在低置信水平下，这五个模型都可以用于对金融资产间相关结构的刻画。

　　（3）在高置信水平（99%）下，基于藤 Copula 模型的预测结果通过了检验，其中基于 R 藤 Copula 模型下的预测效果相对另外两种藤 Copula 模型是要更可靠；但多元正态 Copula 模型和多元 t-Copula 模型的预测结果未能通过检验，试验实际失效次数少于预期失效次数。这说明在高置信水平下，多元 Copula 模型高估了风险，而藤 Copula 模型则可以很好地预测风险值。

第6章 结论与展望

金融市场作为经济社会活动的一个重要领域，能否健康发展直接关系到一个国家或地区乃至整个世界经济能否平稳健康的发展。为了保证经济平稳增长，金融市场的风险管理尤为重要，市场风险作为一种重要风险类型，如何准确度量和预测它，是一个非常值得研究的问题。若没有提前做好风险控制，极端事件（本书中所谓极端事件体现在数据上就是资产的价格或者价值等突然发生巨大的下跌）一旦发生，很有可能会导致金融危机甚至引发经济危机，研究极端事件对市场风险的冲击是风险管理研究的一个重点，也是本书的一个主要研究问题。

在目前市场变化莫测的情形下，为了分散风险、增加经营范围和尽可能增加盈利等经济目的，很多投资者和投资机构都选择了混业经营模式，也就是不再简单地投资于某单一的金融产品，而是进行组合投资，投资组合中的各成分资产来自不同的行业或领域。采用这样一种投资组合模式可能会分散风险，但是由于来自不同行业或市场的各种成分资产间存在着错综复杂的相关结构，如何准确度量出各成分资产间的相关结构，从而控制好集成后的总体市场风险，避免发生重大投资决策失误，这是所有投资者和投资机构都必须重视的一个问题。本书的一部分研究内容就是如何度量投资组合的集成市场风险，在理论研究和实证分析上都做一些研究和探讨。

在借鉴参考国内外学者有关极值理论和 Copula 模型在市场风险管理中的研究文献成果基础上，本章结合本书的实际研究情况，归纳总结了本书中的主要工作和研究成果，并从极值理论、Copula 模型以及研究对象的推广和实证分析等方面提出了一些可能值得进一步研究的问题和讨论的方向。

6.1 本书结论

本书采用各金融投资机构最常用的一种风险度量工具风险值来度量各资产或投资组合的市场风险，讨论和研究的主要内容有：内容一是有关金融资产市场风险的度量方法——风险值介绍以及风险值各种估计方法的比较；内容二是讨论基于一元极值模型的金融资产风险值估计方法的研究，并通过实证分析对不同的估计方法进行了比较；内容三是对金融市场的二元投资组合市场风险进行度量研究，有理论模型的构建，同时也通过实证分析对模型效果进行了验证，具体为：先对投资组合中两种成分资产收益率的边缘分布分别进行建模，再采用二元 Copula 模型对两种成分资产收益率的相关性进行建模，最后对二元投资组合的风险值进行估计；内容四是对金融市场的多元投资组合的市场风险度量进行研究，主要是在利用极值模型对各成分资产收益率的边缘分布建模的基础上，通过藤 Copula 模型对投资组合中各成分资产的相关性进行建模，最终估计出多元投资组合的风险值，并进行了具体的实证分析。

第一，一元资产市场风险度量。这一部分内容主要是结合了时间序列模型和极值理论进行研究，实证分析了原油市场和外汇市场的市场风险。原油市场采用的是美国西德克萨斯原油市场现货的日对数收益率作为样本，首先为了描述该样本序列所具有的非正态、尖峰厚尾、异方差性质和波动集聚性等特点，在最小信息量准则下建立了合适的 GARCH 模型对数据进行过滤得到渐近独立的新息序列；其次为了突出极端事件对市场风险造成的重要影响，采用极值理论中的超阈值模型对新息序列建模；最后得出了静态和动态两种情形下的风险值，并将该模型得到的静态风险值与传统的方差－协方差方法估计出的风险值进行比较，发现该模型的预测更精确和有效。外汇市场选用的是几种重要外币对人民币汇率日对数收益率序列作为研究数据，同样为了刻画出数据的时间序列特征在最小信息量准则下用 GJR-GARCH 模型过滤数据，结合艾格勒滋斯给出的新的估计尾指数方法和 Hill 估计尾指数方法对新息序列建立了半参数模型，估计出风险值，并与传统的 Hill 方法下得到的风险值进行比较，发现在很多情况下书中采用的新方法估计效果要更精确和有效。

第二，二元投资组合市场风险度量。这一部分本书在理论研究和实证分析两方面都进行了一些研究和探讨。具体内容是同时利用 Copula 理论与极值理论对投资组合进行建模，整个模型分两步完成：第一步是先对边缘分布采用极值理论建模；第二步是借助于 Copula 函数计算联合分布从而计算出风险值。在建立边缘分布模型时，本书结合核密度估计和极值理论中超阈值模型的半参数边缘分布模型建立了边缘分布的一个半参数模型，并证明了该边缘分布模型的收敛性。这样就构建了基于极值理论的 Copula 模型，同时本书还给出了整个模型预测风险值的具体过程和步骤，并对书中所构建的基于极值理论的 Copula 模型进行了实证分析。具体的是用该模型实证分析了一个由美元对人民币汇率和港币对人民币汇率等权重构成的投资组合的市场风险，在实证分析时注意到选用的数据具有时间序列特征，故先采用了随机波动模型对数据进行了过滤处理，分别采用正态 Copula、t-Copula、Gumbel Copula、Clayton Copula 和 Frank Copula 函数对成分资产间的相依结构建模，选用两阶段极大似然法估计参数，蒙特卡罗法模拟估计出投资组合的日收益率，根据经验分布函数法估计出不同 Copula 函数下投资组合的风险值，并通过回测检验比较各 Copula 函数建模的效果。

在刻画投资组合成分资产的相依结构时，为了克服单一的二元 Copula 函数难以准确刻画出成分资产间的相依结构的不足，本书构造了混合 Copula 函数来刻画成分资产间的相依结构。一方面，本书借鉴模型平均理论中的权重选择方法，采用模型平均理论中的光滑最小信息量权重准则构造了混合 Copula 函数，并在此基础上建立了估计投资组合风险值的混合 Copula 模型。同时采用基于最小信息量准则构造的混合 Copula 函数对由美元对人民币汇率和港币对人民币汇率组成的投资组合建模，估计投资组合的风险值，并与单一Copula 模型中的结果进行检验比较，结果表明混合 Copula 模型拟合数据的效果要优于另外三种单一 Copula 模型。另一方面，本书在已有文献构造混合Copula 函数的基础上，构造了基于肯德尔相关系数的混合 Copula 函数，并给出了生成服从该混合 Copula 函数的伪随机数的算法，构建了在风险值最小化准则下优化投资组合投资权重的模型。这种构造混合 Copula 模型的方法算法相对简单，可以减少计算量和对数据进行过多假设而造成的误差。本书还利用该模型实证分析了由上证指数和深成指数组成的投资组合，在风险值最小化的准则下，给出投资组合最优权重的求解方法和步骤，得出投资组合权重建议，可以为投资者提供更有效的投资建议。

第三，多元投资组合的市场风险的度量。这一部分主要基于极值理论和藤 Copula 结构构建了度量多元投资组合市场风险的模型。为了克服多元 Copula 函数刻画多元变量间相依结构的不足，同时为了突出极端事情对风险的影响，本书结合极值理论和藤 Copula 结构构建了度量投资组合市场风险的模型，并给出了极值理论下的藤 Copula 模型模拟和估计风险值的具体步骤，用流程图简洁明了地描述了整个建模和模拟过程。为了比较各模型估计投资组合风险值的优劣，书中还实证分析了一个五元投资组合的市场风险值。该投资组合的成分资产分别来亚洲 5 个重要经济体的股市指数，实证结果表明单一的多元 Copula 模型高估了风险，虽然三种藤 Copula 模型都可以通过检验，但 R 藤 Copula 模型回测检验的效果最优。可以看出，实证分析选用的投资组合覆盖了亚洲主要经济体的股票市场，由它们组成的投资组合具有一定分散风险的能力；而研究该投资组合的市场风险不仅可以预测风险值，为投资者或投资机构控制风险提供建议，而且也有利于了解亚洲各股市间风险的相依性，为各经济体的股票市场监管机构防范和应对大面积的股票市场的大波动提供建议。这些结论可以为投资者和投资机构做好风险准备金储备、规避风险提供一定的建议。

6.2　研究展望

本书虽然采用极值理论、二元 Copula 模型和藤 Copula 模型对市场风险管理进行了一些探索和研究，也得出了一些有一定意义的研究成果，但受学识所限，不可否认本书的研究工作还存在不足之处以及值得进一步研究和改进之处。具体不足和值得进一步研究之处总结如下：

第一，一元极值理论部分。本书在将一元极值理论中超阈值模型和尾指数方法应用到预测资产的风险值时，虽然分别采用了定量和定性的方法选取了阈值，但超阈值模型中阈值选择方法至今没有一个统一的最优方法，这是一个值得进一步研究的问题。一元极值理论中常用的模型有超阈值模型以及尾指数方法，但是目前文献中较少见到超阈值模型与尾指数方法的优劣比较，在什么样的条件下使用超阈值模型或者尾指数方法估计风险值的效果更佳，是值得进一步讨论的内容。

第二，二元 Copula 模型部分。本书建立的二元 Copula-VaR 模型，无论 Copula 函数是单一的 Copula 函数还是混合 Copula 函数，都只是静态 Copula 模型，并没有考虑到随着时间的改变，资产间的相依结构会发生突变或者随着时间改变相应的 Copula 函数的参数也发生了改变。由此可见，在 Copula 模型中引进结构突变或者使用时变 Copula 函数刻画资产间的相依结构会是一个非常有意义的研究问题。

第三，藤 Copula 模型部分。首先，本书虽然采用了结构灵活的 R 藤结构来刻画投资组合中各成分资产间的相依结构，可以避免由于藤结构假设不合理而导致预测结构发生偏差，但在选择刻画两两变量间相依结构的 pair-Copula 时，还是在已有的单一 Copula 种类中挑选的，若是可以根据不同的两两变量间的具体情况采用混合 Copula 函数作为 pair-Copula 函数，或许可以提高模型预测的准确性和有效性。其次，在估计藤 Copula 结构的参数时，为了参数估计简单，假设 Copula 函数的参数和条件变量是独立的，如何去掉该假设也是值得改进和进一步讨论。最后，本书采用的藤 Copula 模型预测的是静态风险值，如何通过藤 Copula 模型对多元的投资组合的动态风险进行模拟和预测，这是一个非常有意义的研究问题。

第四，本书研究的是市场风险的度量，但这只是金融风险管理的一个部分，金融风险中还有如操作风险、信用风险、流动性风险，本书中的研究方法是否可以应用至其他种类风险的度量，是值得思考的一个问题。

参 考 文 献

［1］安丽，郭军．基于极值理论的生猪市场价格风险评估研究［J］．农业技术经济，2014（3）：33－39.

［2］蔡瑞胸著．王远林，王辉，潘家柱，译．金融时间序列分析［M］．北京：人民邮电出版社，2012.

［3］曹志鹏，路华．基于 GARCH-VaR 方法的套期保值比率与效率的实证［J］．统计与决策，2018（16）.

［4］陈坚．中国股票市场尾部风险与收益率预测——基于 Copula 与极值理论的 VaR 对比研究［J］．厦门大学学报（哲学社会科学版），2014（4）：45－54.

［5］崔百胜．基于 Copula-vines 的欧元汇率波动相关性实证研究［J］．华东经济管理，2011，25（6）：74－78.

［6］淳伟德，付君实，赵如波．基于混合 Copula 函数的金融市场非线性极端风险传染研究［J］．预测，2015（4）：53－58.

［7］杜子平，汪寅生，张丽．基于混合 C 藤 Copula 模型的外汇资产组合 VaR 研究［J］．技术经济与管理研究，2013（6）：99－103.

［8］高江．藤 Copula 模型与多资产投资组合 VaR 预测［J］．数理统计与管理，2013，32（2）：247－258.

［9］宫晓琳，陈增敬，张晓朴，等．随机极限正态分布与审慎风险监测［J］．经济研究，2014（9）：135－148.

［10］苟红军，陈迅，花拥军．基于 GARCH-EVT-COPULA 模型的外汇投

资组合风险度量研究 [J]. 管理工程学报, 2015, 29 (1): 183 – 193.

[11] 何树红, 孙文, 徐文涛. 关于国际原油价格风险价值的分析与计算 [J]. 统计与决策, 2010 (18): 144 – 146.

[12] 黄友珀, 唐振鹏, 唐勇, 等. 基于藤 copula——已实现 GARCH 的组合收益分位数预测 [J]. 系统工程学报, 2016, 31 (1): 45 – 54.

[13] 黄元生, 刘晖. 基于藤 Copula-GARCH 的中国区域碳市场波动溢出效应研究 [J]. 金融理论与教学, 2019 (2).

[14] 李磊, 叶五一, 缪柏其. 基于 C 藤 copula 的收益率自相依结构估计以及条件 VaR 计算 [J]. 中国科学技术大学学报, 2013, 43 (9): 745 – 753.

[15] 李强, 周孝华. 基于 Copula 的我国台湾和韩国股票市场相关性研究 [J]. 管理工程学报, 2014, 28 (2): 100 – 107.

[16] 李竹渝, 鲁万波, 龚金国. 经济、金融计量学中的非参数估计技术 [M]. 北京: 科学出版社, 2007.

[17] 刘宇飞. VaR 模型及其在金融监管中的应用 [J]. 经济科学, 1999 (1): 39 – 50.

[18] 马超群, 李红权, 周恩, 杨晓光, 徐山鹰, 张银旗. 风险价值方法及其实证分析 [J]. 中国管理科学, 2001 (5): 16 – 23.

[19] 马锋, 魏宇, 黄登仕. 基于 vine copula 方法的股市组合动态 VaR 测度及预测模型研究 [J]. 系统工程理论与实践, 2015, 35 (1): 26 – 36.

[20] 潘慧峰, 张金水. 用 VaR 度量石油市场的极端风险 [J]. 运筹与管理, 2006, 15 (5): 94 – 98.

[21] 潘雪艳, 蔡光辉, 刘顺祥. 基于尾指数方法的外汇市场风险度量研究——以美元、港币、日元和欧元对人民币汇率为例 [J]. 安徽师范大学学报 (人文社科版), 2015, 43 (5): 558 – 563.

[22] 任仙玲, 张世英. 基于非参数核密度估计的 Copula 函数选择原理 [J]. 系统工程学报, 2010, 25 (1): 38 – 44.

[23] 沈沛龙, 邢通政. 国际油价波动与中国成品油价格风险研究 [J].

重庆大学学报社会科学版, 2011, 17 (1): 35-41.

[24] 宋加山, 张鹏飞, 王利宏, 等. 基于 EVT-Copula 的操作风险度量 [J]. 预测, 2015, 34 (3): 70-73.

[25] 孙立娟. 风险定量分析 [M]. 北京: 北京大学出版社, 2011.

[26] 王春峰, 万海辉. 基于 MCMC 的金融市场风险 VaR 的估计 [J]. 管理科学学报, 2000, 3 (2): 54-61.

[27] 王璐, 黄登仕, 魏宇. 国际多元化下投资组合优化研究: 动态 Copula 方法 [J]. 数理统计与管理, 2016 (6): 1109-1124.

[28] 韦艳华, 张世英, 孟利锋. Copula 理论在金融上的应用 [J]. 西北农林科技大学学报社会科学版, 2003, 3 (5): 97-101.

[29] 韦艳华, 张世英. Copula 理论及其在金融分析上的应用 [M]. 北京: 清华大学出版社, 2008.

[30] 韦艳华, 张世英. 金融市场的相关性分析——Copula-GARCH 模型及其应用 [J]. 系统工程, 2004, 22 (4): 7-12.

[31] 吴建华, 王新军, 张颖. 相关性分析中 Copula 函数的选择 [J]. 统计研究, 2014, 31 (10): 99-107.

[32] 吴海龙, 方兆本, 朱俊鹏. 基于 R-vine Copula 方法的投资组合风险分析 [J]. 投资研究, 2013 (10): 98-107.

[33] 谢远涛, 杨娟, 夏孟余. 基于 COPULA-CVaR 风险度量的投资组合分析 [M]. 北京: 对外经济贸易大学出版社, 2014.

[34] 严太华, 韩超. 基于极值统计和高维动态 C 藤 Copula 的股市行业集成风险计算 [J]. 数理统计与管理, 2016 (6): 1098-1108.

[35] 姚刚. 风险值测定法浅析 [J]. 经济科学, 1998 (1): 55-60.

[36] 叶伟, 杨招军. 基于 Copula-VaR 方法的外汇储备风险度量 [J]. 统计与决策, 2015 (3): 153-156.

[37] 叶五一, 缪柏其. 基于分位点回归模型的条件 VaR 估计以及杠杆效应分析 [J]. 中国管理科学, 2010, 18 (4): 1-7.

［38］叶五一，张明，缪柏其．基于尾部指数回归方法的 CVaR 估计以及实证分析［J］．统计研究，2012，29（11）：79 – 83.

［39］余炜彬，范英，魏一鸣．基于极值理论的原油市场价格风险 VaR 的研究［J］．系统工程理论与实践，2007，27（8）：12 – 20.

［40］张帮正，魏宇，余江，等．基于 EVT-Vine-copula 的多市场相关性及投资组合选择研究［J］．管理科学，2014（3）：133 – 144.

［41］张金清．金融风险管理［M］．上海：复旦大学出版社，2016.

［42］张明恒．多金融资产风险价值的 Copula 计量方法研究［J］．数量经济技术研究，2004（4）：67 – 70.

［43］张新雨，邹国华．模型平均方法及其在预测中的应用［J］．统计研究，2011，28（6）：97 – 102.

［44］张尧庭．连接函数（copula）技术与金融风险分析［J］．统计研究，2002，V19（4）：48 – 51.

［45］张意翔，胥朝阳，成金华．基于 VaR 方法的中国石油企业跨国并购的价格风险评价［J］．管理学报，2010，7（3）：440.

［46］郑文通．金融风险管理的 VAR 方法及其应用［J］．国际金融研究，1997（9）：58 – 62.

［47］周孝华，张保帅，董耀武．基于 Copula-SV-GPD 模型的投资组合风险度量［J］．管理科学学报，2012，15（12）：70 – 78.

［48］Aas K，Czado C，Frigessi A，et al. Pair-copula constructions of multiple dependence［J］．Insurance：Mathematics and Economics，2009，44（2）：182 – 198.

［49］Acerbi C. Spectral measures of risk：a coherent representation of subjective risk aversion［J］．Journal of Banking & Finance，2002，26（7）：1505 – 1518.

［50］Acerbi C，Tasche D. On the coherence of expected shortfall［J］．Journal of Banking & Finance，2002，26（7）：1487 – 1503.

[51] Alexander C O, Leigh C T. On the covariance matrices used in value at risk models [J]. The Journal of Derivatives, 1997, 4 (3): 50 - 62.

[52] Alexander C. Market Models: A Guide to Financial Data Analysis [M]. John Wiley & Sons, 2001.

[53] Allen D E, Singh A K, Powell R J. EVT and tail-risk modelling: Evidence from market indices and volatility series [J]. The North American Journal of Economics and Finance, 2013, 26: 355 - 369.

[54] Aloui R, Aïssa M S B, Nguyen D K. Conditional dependence structure between oil prices and exchange rates: a copula-GARCH approach [J]. Journal of International Money and Finance, 2013, 32: 719 - 738.

[55] Artzner P, F Delbaen, J M Eber, D. Heath, thinking coherently [J]. Risk 1997, 10 (11): 68 - 71.

[56] Artzner P, F Delbaen, J M Eber, D. Heath, coherent measures of risk [J]. Mathematical Finance. 1999, 9: 203 - 228.

[57] Bangzheng Z, Yu W, Jiang Y, et al. The study of correlation and portfolio selection among Multi-Markets based on EVT-Vine-copula [J]. Journal of Management, 2014, 3: 13.

[58] Beder T S. VAR: Seductive but dangerous [J]. Financial Analysts Journal, 1995: 12 - 24.

[59] Bedford T, Cooke R M. Probability density decomposition for conditionally dependent random variables modeled by vines [J]. Annals of Mathematics and Artificial Intelligence, 2001, 32 (1): 245 - 268.

[60] Bensalah Y. Steps in Applying Extreme Value Theory to Finance: a Review [M]. Bank of Canada, 2000.

[61] Berger T. Forecasting value-at-risk using time varying copulas and EVT return distributions [J]. International Economics, 2013, 133: 93 - 106.

[62] Bollerslev T. Generalized autoregressive conditional heteroskedasticity

[J]. Journal of Econometrics, 1986, 31 (3): 307 −327.

[63] Bollerslev T. Modelling the coherence in short-run nominal exchange rates: a multivariate generalized ARCH model [J]. The Review of Economics and Statistics, 1990: 498 −505.

[64] Bollerslev T, Chou R Y, Kroner K F. ARCH modeling in finance: a review of the theory and empirical evidence [J]. Journal of Econometrics, 1992, 52 (1 −2): 5 −59.

[65] Bollerslev T, Engle R F, Nelson D B. ARCH models [J]. Handbook of Econometrics, 1994, 4: 2959 −3038.

[66] Buckland S T, Burnham K P, Augustin N H. Model selection: an integral part of inference [J]. Biometrics, 1997: 603 −618.

[67] Cheng G, Li P, Shi P. A new algorithm based on copulas for VaR valuation with empirical calculations [J]. Theoretical Computer Science, 2007, 378 (2): 190 −197.

[68] Chen J, Liu Z, Li S. Mixed copula model with stochastic correlation for CDO pricing [J]. Economic Modelling, 2014, 40: 167 −174.

[69] Dissmann J, Brechmann E C, Czado C, et al. Selecting and estimating regular vine copulae and application to financial returns [J]. Computational Statistics & Data Analysis, 2013, 59: 52 −69.

[70] Dowd K. Beyond Value at Risk The New Science of Risk Management [M]. John Wiley & Sons, 1998.

[71] Duffie D, Pan J. An overview of value at risk [J]. The Journal of Derivatives, 1997, 4 (3): 7 −49.

[72] Embrechts P, McNeil A, Straumann D. Correlation: pitfalls and alternative [J]. Risk, 1999, 69 −71.

[73] Engle R F. Autoregressive conditional heteroscedasticity with estimates of the variance of United Kingdom inflation [J]. Econometrica: Journal of the Econo-

metric Society, 1982: 987 – 1007.

[74] Engle R. Dynamic conditional correlation: a simple class of multivariate generalized autoregressive conditional heteroskedasticity models [J]. Journal of Business & Economic Statistics, 2002, 20 (3): 339 – 350.

[75] Engle R F, Bollerslev T. Modelling the persistence of conditional variances [J]. Econometric Reviews, 1986, 5 (1): 1 – 50.

[76] Engle R F, Kroner K F. Multivariate simultaneous generalized ARCH [J]. Econometric Theory, 1995, 11 (1): 122 – 150.

[77] Frey R, Embrechts P. Quantitative Risk Management [M]. Princeton University Press, 2010.

[78] Gencay R, Selcuk F. Extreme value theory and Value-at-Risk: relative performance in emerging markets [J]. International Journal of Forecasting, 2004, 20 (2): 287 – 303.

[79] Genest C, Mackay R J. Copules archimédiennes et families de lois bidimensionnelles dont les marges sont données [J]. Canadian Journal of Statistics, 1986, 14 (2): 145 – 159.

[80] Géhin W. The Challenge of hedge fund performance measurement: a toolbox rather than a pandora's box [J]. Ssrn Electronic Journal, 2006.

[81] Huang Y C, Lin, B J. Value-at-Risk analysis for Taiwan stock index futures: fat tails and conditional asymmetries in return innovations [J]. Journal of Review of Quantitative Finance and Accounting, 2004 (22): 79 – 95.

[82] Hill B M. A simple general approach to inference about the tail of a distribution [J]. The Annals of Statistics, 1975, 3 (5): 1163 – 1174.

[83] Hill J B. On tail index estimation for dependent, heterogeneous data [J]. Econometric Theory, 2010, 26 (5): 1398 – 1436.

[84] Iglesias E M. An analysis of extreme movements of exchange rates of the main currencies traded in the foreign exchange market [J]. Applied Economics,

2012, 44 (35): 4631 – 4637.

[85] Joe H. Multivariate Models and Multivariate Dependence Concepts [M]. CRC Press, 1997.

[86] Jorion P. Risk 2: Measuring the risk in value at risk [J]. Financial Analysts Journal, 1996, 52 (6): 47 – 56.

[87] Kabundi A, Muteba J M. Extreme value at risk: a scenario for risk management [J]. South African Journal of Economics, 2011, 79 (2): 173 – 183.

[88] Karmakar M. Estimation of tail-related risk measures in the Indian stock market: an extreme value approach [J]. Review of Financial Economics, 2013, 22 (3): 79 – 85.

[89] Kapetanios G, Labhard V, Price S. Forecasting using predictive likelihood model averaging [J]. Economics Letters, 2006, 91 (3): 373 – 379.

[90] Kupiec P. Techniques for verifiying the accuracy of risk management models [J]. Journal of Derviatives, 1995, 3.

[91] Leadbetter M R. Extremes and local dependence in stationary sequences [J]. Probability Theory and Related Fields, 1983, 65 (2): 291 – 306.

[92] Longla M. On mixtures of copulas and mixing coefficients [J]. Journal of Multivariate Analysis, 2015, 139: 259 – 265.

[93] Marimoutou V, Raggad B, Trabelsi A. Extreme value theory and value at risk: application to oil market [J]. Energy Economics, 2009, 31 (4): 519 – 530.

[94] McNeil A J, Frey R. Estimation of tail-related risk measures for heteroscedastic financial time series: an extreme value approach [J]. Journal of Empirical Finance, 2000, 7 (3): 271 – 300.

[95] Mesiar R, Komorníková M, Komorník J. Perturbation of bivariate copulas [J]. Fuzzy Sets and Systems, 2015, 268: 127 – 140.

[96] Mikosch T, Starica C. Limit theory for the sample autocorrelations and

extremes of a GARCH (1, 1) process [J]. Annals of Statistics, 2000: 1427 – 1451.

[97] Nelsen R B. An Introduction to Copulas [M]. Springer, 2006.

[98] Payaslioglu C. A tail index tour across foreign exchange rate regimes in Turkey [J]. Applied Economics, 2009, 41 (3): 381 – 397.

[99] Ouyang Z, Liao H, Yang X. Modeling dependence based on mixture copulas and its application in risk management [J]. Applied Mathematics-A Journal of Chinese Universities, 2009, 24 (4): 393 – 401.

[100] Patton A J. Modelling time-varying exchange rate dependence using the conditional copula [J]. Ssrn Electronic Journal, 2001.

[101] Pavlidis E G, Paya I, Peel D A. The econometrics of exchange rates [M] //Palgrave handbook of econometrics. Palgrave Macmillan UK, 2009: 1025 – 1083.

[102] Rockinger M, Urga G. A time-varying parameter model to test for predictability and integration in the stock markets of transition economies [J]. Journal of Business & Economic Statistics, 2001, 19 (1): 73 – 84.

[103] Sadeghi M, Shavvalpour S. Energy risk management and value at risk modeling [J]. Energy Policy, 2006, 34 (18): 3367 – 3373.

[104] Salazar Y, Ng W L. Nonparametric tail copula estimation: an application to stock and volatility index returns [J]. Communications in Statistics-Simulation and Computation, 2013, 42 (3): 613 – 635.

[105] Salvatierra I D L, Patton A J. Dynamic copula models and high frequency data [J]. Journal of Empirical Finance, 2015, 30: 120 – 135.

[106] Schepsmeier U. A goodness-of-fit test for regular vine copula models [J]. Econometric Reviews, 2016: 1 – 22.

[107] Sklar A. Distribution functions of dimensions and margins [J]. Publications of the Institute of Statistics of the University of Paris, 1959, 8: 229 – 231.

［108］ Starica C, Pictet O. The tales the tails of GARCH processes tell ［R］. Unpublished Working Paper, 1997.

［109］ Valdés A L, Fraire L A, Vázquez R D. A copula-TGARCH approach of conditional dependence between oil price and stock market index: the case of Mexico ［J］. Estudios Económicos, 2016, 31 (1): 47 –63.

［110］ Wagner N, Marsh T A. Measuring tail thickness under GARCH and an application to extreme exchange rate changes ［J］. Journal of Empirical Finance, 2005, 12 (1): 165 –185.

［111］ Weiß G N F, Supper H. Forecasting liquidity-adjusted intraday Value-at-Risk with vine copulas ［J］. Journal of Banking & Finance, 2013, 37 (9): 3334 –3350.